Barbara Cassin
Se Parmênides

O tratado anônimo *De Melisso Xenophane Gorgia*

Outros livros da FILŌ

FILŌ

A alma e as formas
Georg Lukács

A aventura da filosofia francesa no século XX
Alain Badiou

A ideologia e a utopia
Paul Ricœur

O primado da percepção e suas consequências filosóficas
Maurice Merleau-Ponty

Relatar a si mesmo
Crítica da violência ética
Judith Butler

A sabedoria trágica
Sobre o bom uso de Nietzsche
Michel Onfray

A teoria dos incorporais no estoicismo antigo
Émile Bréhier

FILŌAGAMBEN

Bartleby, ou da contingência
Giorgio Agamben

A comunidade que vem
Giorgio Agamben

O homem sem conteúdo
Giorgio Agamben

Ideia da prosa
Giorgio Agamben

Introdução a Giorgio Agamben
Uma arqueologia da potência
Edgardo Castro

Meios sem fim
Notas sobre a política
Giorgio Agamben

Nudez
Giorgio Agamben

A potência do pensamento
Ensaios e conferências
Giorgio Agamben

FILŌBATAILLE

O erotismo
Georges Bataille

A parte maldita
Precedida de "A noção de dispêndio"
Georges Bataille

Teoria da religião
Georges Bataille

FILŌBENJAMIN

O anjo da história
Walter Benjamin

Baudelaire e a modernidade
Walter Benjamin

Imagens de pensamento
Sobre o haxixe e outras drogas
Walter Benjamin

Origem do drama trágico alemão
Walter Benjamin

Rua de mão única
Infância berlinense: 1900
Walter Benjamin

FILŌESPINOSA

Breve tratado de Deus, do homem e do seu bem-estar
Espinosa

Ética
Espinosa

Princípios da filosofia cartesiana e Pensamentos metafísicos
Espinosa

A unidade do corpo e da mente
Afetos, ações e paixões em Espinosa
Chantal Jaquet

FILŌESTÉTICA

O belo autônomo
Textos clássicos de estética
Rodrigo Duarte (org.)

O descredenciamento filosófico da arte
Arthur C. Danto

Do sublime ao trágico
Friedrich Schiller

Íon
Platão

Pensar a imagem
Emmanuel Alloa (Org.)

FILŌMARGENS

O amor impiedoso
(ou: Sobre a crença)
Slavoj Žižek

Estilo e verdade em Jacques Lacan
Gilson Iannini

Introdução a Foucault
Edgardo Castro

Kafka
Por uma literatura menor
Gilles Deleuze
Félix Guattari

Lacan, o escrito, a imagem
Jacques Aubert, François Cheng, Jean-Claude Milner, François Regnault, Gérard Wajcman

O sofrimento de Deus
Inversões do Apocalipse
Boris Gunjevic
Slavoj Žižek

ANTIFILŌ

A Razão
Pascal Quignard

FILŌ   autêntica

Barbara Cassin
Se Parmênides

O tratado anônimo *De Melisso Xenophane Gorgia*

Tradução e apresentação
Cláudio Oliveira

Copyright © 2015 Barbara Cassin
Copyright © 2015 Autêntica Editora

Título original: Si Parménide: Le traité anonyme *De Melisso Xenophane Gorgia*. Edition critique et commentaire.

Todos os direitos reservados pela Autêntica Editora. Nenhuma parte desta publicação poderá ser reproduzida, seja por meios mecânicos, eletrônicos, seja via cópia xerográfica, sem a autorização prévia da Editora.

COORDENADOR DA COLEÇÃO FILÔ
Gilson Iannini

CONSELHO EDITORIAL
Gilson Iannini (UFOP); *Barbara Cassin* (Paris); *Carla Rodrigues* (UFRJ) *Cláudio Oliveira* (UFF); *Danilo Marcondes* (PUC-Rio); *Ernani Chaves* (UFPA); *Guilherme Castelo Branco* (UFRJ); *João Carlos Salles* (UFBA); *Monique David-Ménard* (Paris); *Olímpio Pimenta* (UFOP); *Pedro Süssekind* (UFF); *Rogério Lopes* (UFMG); *Rodrigo Duarte* (UFMG); *Romero Alves Freitas* (UFOP); *Slavoj Žižek* (Liubliana); *Vladimir Safatle* (USP)

EDITORA RESPONSÁVEL
Rejane Dias

EDITORA ASSISTENTE
Cecília Martins

REVISÃO
Lira Córdova

PROJETO GRÁFICO
Diogo Droschi

CAPA
Alberto Bittencourt
(foto © ritA Scaglia)

DIAGRAMAÇÃO
Conrado Esteves
Cristiane Morais

Dados Internacionais de Catalogação na Publicação (CIP)
(Câmara Brasileira do Livro, SP, Brasil)

Cassin, Barbara
  Se Parmênides : o tratado anônimo De Melisso Xenophane Gorgia / Barbara Cassin ; [tradução Cláudio Oliveira]. -- 1. ed. -- Belo Horizonte : Autêntica Editora, 2015. -- (Filô)

  Título original: Si Parménide: Le traité anonyme De Melisso Xenophane Gorgia. Edition critique et commentaire.
  ISBN 978-85-8217-495-1

  1. Filosofia antiga 2. Sobre Melisso, Xenófanes e Górgias I. Título.

15-05620   CDD-182.3

Índices para catálogo sistemático:
1. Parmênides : Filosofia antiga   182.3

Belo Horizonte
Rua Carlos Turner, 420
Silveira . 31140-520
Belo Horizonte . MG
Tel.: (55 31) 3465 4500

Televendas: 0800 283 13 22
www.grupoautentica.com.br

São Paulo
Av. Paulista, 2.073,
Conjunto Nacional, Horsa I
23º andar . Conj. 2301 .
Cerqueira César . 01311-940
São Paulo . SP
Tel.: (55 11) 3034 4468

Rio de Janeiro
Rua Debret, 23, sala 401
Centro . 20030-080
Rio de Janeiro . RJ
Tel.: (55 21) 3179 1975

Sumário

7. Apresentação

11. Nota do tradutor para a edição brasileira

13. Prefácio à edição brasileira
    Paris, 1980 - Rio, 2014: o trajeto de um "se"

21. Prefácio à edição francesa (1980)

23. Abreviações

25. **Elementos**

27. Um objeto não identificado

53. O Parmênides de Górgias

85. O discurso sofístico

113. A citação generalizada

139. Bibliografia

145. **Sobre Melisso, Xenófanes e Górgias**
     Texto grego e tradução

Apresentação

Cláudio Oliveira

Podemos dizer que a publicação de *Se Parmênides* na França, em 1980, significou um marco, não só para os estudos sobre a filosofia grega antiga em geral e a sofística em particular, mas também para a própria filosofia *tout court*. Iniciava-se ali não apenas a obra de uma grande helenista mas também de uma das filósofas mais importantes surgidas nas últimas décadas do século XX.

Os efeitos de *Se Parmênides* foram múltiplos. Como um trabalho realizado numa certa interseção entre filologia e filosofia (edição comentada de um texto filosófico grego), ele pôs em questão essa própria interseção, permitindo desnudar os processos interpretativos em jogo na edição de um texto antigo (a discussão com Diels, nesse sentido, é fundamental), assim como os pressupostos vigentes e atuantes na interpretação de um texto filosófico como o tratado *De Melisso Xenophane Gorgia*, uma obra que chegou até nós junto com o *corpus* aristotélico, mas cuja obscuridade impediu que se tivesse dela uma compreensão satisfatória seja sobre seu autor, seja sobre os autores dos quais ele trata. Se o tratado teve uma sobrevida, talvez isso tenha se devido ao fato de ter sido ele uma das duas únicas fontes (a outra é Sexto Empírico) do mais importante texto que chegou até nós da sofística grega, o *Tratado do não-ser*, de Górgias.

Se *Parmênides* é, nesse sentido, não só uma novíssima e revolucionária interpretação de Górgias, da sofística e do pensamento grego em geral, assim como da doxografia e da relação entre filologia e filosofia, mas, sobretudo, da própria relação da filosofia com a linguagem ou, para ser mais preciso, da relação de cada filosofia com a língua em que ela se escreve.

Podemos afirmar, sem temor, que, em *Se Parmênides*, seu primeiro livro, Barbara Cassin apresentou o programa de pesquisa que iria desenvolver nas décadas seguintes e que geraria todos os seus livros posteriores, tendo permanecido fiel a esse programa e ponto de partida até os dias de hoje. Estão já ali as ideias seminais de vários artigos que seriam escritos e publicados posteriormente em *Ensaios Sofísticos* (Siciliano, 1990) e *O efeito sofístico* (Editora 34, 2005); estão já ali os elementos de uma nova compreensão da discussão de Aristóteles com a sofística no livro *Gamma* da *Metafísica* e que ela desenvolverá, juntamente com Michel Narcy, em *La décision du sens* (Vrin, 1989), mas também, sozinha, em *Aristóteles e o lógos* (Loyola, 1999); está já ali, sobretudo, uma concepção de filosofia que norteará a direção do monumental *Vocabulaire européen des philosophies – Dictionnaire des intraduisibles* (Le Robert/Seuil, 2004), e que traz, para a filosofia, as consequências de sua nova interpretação da sofística iniciada em *Se Parmênides*. Poderíamos citar ainda como rebentos de *Se Parmênides* os livros que a autora organizou em torno da sofística e da filosofia grega em geral, como *Positions de la sofistique* (1986), *Le plaisir de parler* (1986) e *Nos grecs et leurs modernes: les stratégies contemporaines d'appropriation de l'Antiquité* (1997), para falar apenas dos mais importantes.

Em última instância, o que Barbara Cassin inaugurou com a publicação de *Se Parmênides* foi uma perspectiva que poderíamos chamar de pós-saussuriana na abordagem de textos filosóficos e que poderia ser resumida pela ideia de que o significado de um texto só pode surgir de uma compreensão da trama de seus significantes. Suspender o sentido e privilegiar o significante foi sua estratégia fundamental, uma tarefa na qual ela foi guiada primeiro pela leitura de Heidegger dos textos gregos, corrigida, por sua vez, pela influência da Escola de Lille, onde realizou o doutorado que iria dar origem a *Se Parmênides*. A atenção ao significante foi a regra de ouro a ser seguida ferreamente como única possibilidade de compreensão de um texto filosófico. E foi também essa atenção que a aproximou, desde *Se Parmênides*, de uma outra prática contemporânea, a psicanálise freudo-lacaniana, que ela não cessou, desde então, de aproximar da sofística. É, aliás, essa aproximação que ela investiga em seu último livro publicado na França: *Jacques le sophiste – Lacan, logos et psychanalyse* (Epel, 2012). De *Se Parmênides* a *Jacques le sophiste*, é uma única obra que vemos ser escrita e que espera ainda seus desdobramentos e consequências no cenário filosófico contemporâneo.

Nota do tradutor para a edição brasileira

A presente edição brasileira de *Se Parmênides* difere daquela publicada na França em 1980. A edição francesa é constituída por três partes: *Elementos*, uma longa introdução em que a interpretação do tratado é desenvolvida; a edição, tradução e comentário do *De Melisso Xenophane Gorgia*, onde o trabalho propriamente filológico é realizado; e, por fim, os *Complementos*, nos quais se encontram, entre outros textos, a bibliografia, e o texto grego e a tradução contínuos. Optamos, com a concordância da autora, por publicar nesta edição brasileira da obra apenas o longo estudo introdutório dos *Elementos*, a bibliografia e o texto grego e a tradução contínuos dos *Complementos*. Omitimos, portanto, nesta edição, toda a discussão mais técnica da segunda parte da edição original do livro, supondo que o leitor mais especializado tenha acesso à obra original, esgotada na França, mas disponível pela internet. Com isso, quisemos privilegiar a interpretação inovadora desenvolvida nos *Elementos*, bem como dar acesso ao texto do *De Melisso Xenophane Gorgia* que é assim publicado pela primeira vez no Brasil. Uma novidade da edição brasileira e que não consta na edição francesa original foi a introdução do aparato crítico no texto grego contínuo; na edição francesa, esse aparato crítico encontra-se espalhado pelos vários trechos editados e traduzidos na segunda parte da obra. Agradecemos a Sophie Legrain pelo magnífico trabalho de edição do aparato crítico do texto grego contínuo. Por fim, esclarecemos que a tradução apresentada aqui do tratado do Anônimo não é uma tradução do texto grego original, mas uma tradução da tradução que Barbara Cassin fez desse texto para o francês. Pareceu-nos natural, e também à autora, que não caberia fazer uma nova tradução do texto grego para o português, mas, ao contrário, traduzir a tradução francesa que Barbara Cassin dá do texto, tradução essa que representa o resultado final de sua interpretação e compreensão do tratado do Anônimo.

Prefácio à edição brasileira
Paris, 1980 - Rio, 2014: o trajeto de um "se"

Paris, 1980: dez anos após ter-me inscrito na Sorbonne com Pierre Aubenque, que tinha me aconselhado a me interessar pelo *De M.X.G.*, *De Melisso Xenophane Gorgia*, pequeno tratado apócrifo de Aristóteles, conhecido ou, antes, desconhecido, sob esta sigla de *science-fiction*; seis anos depois da defesa disso que se chamava então *Thèse de 3ème Cycle*, feita finalmente sob a orientação de Jean Bollack, que me tinha na verdade raptado para a sua Escola de Lille, na qual nenhuma tese tinha sido ainda defendida, eu concluí, com o auxílio de uma bolsa alemã, a redação de *Se Parmênides*.

Um título não muito apropriado, exatamente para me mostrar livre, eu, que tive que fazer, depois de 1968, uma dezena de vezes a *agrégation* em filosofia, esse concurso sem o qual era quase impossível ensinar na França em condições toleráveis. *Se Parmênides*, portanto, entre a histeria heroica de Edith Piaf, entoando a *Marseillaise* empoleirada nas grades reais em *Si Versailles m'était conté*, o filme de Sacha Guitry sobre a revolução francesa, e a neurose obsessiva onipotente do *sunnêmon* estoico, "se... então", que arruína de maneira bem mais ampla que qualquer silogismo.

Eu gostaria de expressar aqui todo o meu reconhecimento, primeiramente, a Pierre Aubenque, que tinha, desde

O problema do ser em Aristóteles,[1] aberto o interesse pela sofística, do ponto de vista de uma ortodoxia aristotélica magistralmente traçada.

A Jean Bollack, em seguida, que me ensinou, com Heinz Wismann, o que é ler um texto grego e, até mesmo, um texto, simplesmente.

Ora, essa prática não era, e não é, na verdade, evidente. Ela é infinitamente custosa em tempo e em trabalho. É compreensível que a Universidade não tenha senão um desejo: poupar-se dela. Este livro é testemunha, eu espero, do nada que separa o trabalho filológico e o delírio de interpretação. Eu me lembro que, no momento de minha defesa, Jean-Paul Dumont, então professor na Universidade de Lille, autor de um *Les sophistes* na pequena coleção da editora Presses Universitaires de France e que viria a dirigir a tradução dos *Présocratiques*, para a coleção La Pléiade, me tinha dito, a propósito de meu trabalho de edição, algo como: "Eu compreendo enfim o que a senhora fez: o que, habitualmente, fica embaixo, no aparato crítico, a senhora o colocou em cima, no texto!". E Jonathan Barnes, com quem eu tive, de qualquer modo, a felicidade de trabalhar depois, escreveu então uma resenha atacando *Se Parmênides*, na qual os alunos de Bollack eram comparados a cavalos magnificamente treinados, mas, como eu, incapazes de saltar o obstáculo de partida. Este livro: um patinho feio, excessivamente escrito talvez – entendam-no: não suficientemente científico, como se as duas coisas devessem ser inversamente proporcionais – até mesmo para alguns bollackianos, como André Laks, aos olhos de quem este livro era o pior da série dos *Cahiers de Philologie* das Éditions de Lille.

---

[1] AUBENQUE, P. *Le problème de l'être chez Aristote*. Paris: Presses Universitaires de France, 1962. (Ed. bras.: *O problema do ser em Aristóteles*. Tradução e revisão técnica Cristina de Souza Agostini e Dioclézio Domingos Faustino. São Paulo: Paulus, 2012.)

No entanto, foi trabalhando *Sobre Melisso, Xenófanes e Górgias* que eu aprendi tudo, tanto em filologia quanto em filosofia. Primeiramente, porque eu compreendi, desde o interior de um texto, a intimidade da relação entre as duas disciplinas, e a que ponto é impossível ou, ao menos, inútil e insensato, praticar a filosofia grega sem praticar a língua grega, sem trabalhar a transmissão do texto e colocar em questão o assim chamado "dado". Em seguida, porque a sofística e a doxografia, postas em ação precisamente neste texto, me obrigavam a não mais crer somente, e sem dúvida a não mais crer absolutamente, em Heidegger, a recolocar em perspectiva a "origem" e a "doação". E imediatamente, com uma evidência imprescritível: Heidegger radicalmente colocado de lado, com uma história historial da filosofia vesga, ultrapassada pelo próprio texto. Sim, era possível ser pré-socrático de um outro modo. E a sofística é uma alavanca potente para colocar em perspectiva a ontologia e o pensamento do ser, desde um fora que nos permite vê-los.

É essa extraterritorialidade que eu não cessei, desde então, de trabalhar, quer se tratasse da decisão do sentido aristotélica, quando, no livro *Gamma* da *Metafísica*, Aristóteles reduz Protágoras, com os sofistas que recusam o princípio da não-contradição e pretendem falar *logou kharin* ("pelo prazer de falar"), a ser "semelhante a uma planta"; quer se trate do *Poema* do próprio Parmênides, quando eu, muito tempo depois, ousei me medir com ele, para demonstrar, com as chaves do *Tratado do não-ser* de Górgias, a maneira como ele é fabricado: ao mesmo tempo autobiografia da língua grega, na qual o verbo "é", forma após forma, segreda seu sujeito: "o ente", e palimpsesto homérico, narrativa de todas as grandes narrativas, que joga o *muthos* no colo do *logos*. Todo o meu trabalho parte, portanto, bem daí, do esforço de compreender, palavra por palavra e frase por frase, o que Górgias replica a Parmênides quando se lhe dá enfim o crédito de querer dizer o que ele diz, literalmente e em todos os sentidos. Se Parmênides.

Rio, 2014. Jamais teria acreditado ser possível uma tal aventura: traduzir uma tradução e sua justificação em todos os seus meandros de línguas, através do grego, do francês e do português do Brasil. Que loucura! Uma loucura magnífica. Eu jamais agradecerei o bastante a Cláudio Oliveira por tê-la levada a cabo, com a Autêntica.

Há, pelo menos em filosofia e em filologia antiga, algo como uma ponte aérea entre o Brasil e a França, Rio e Paris, as ideias e as pessoas, e, além disso, com a inventividade coletiva. Eu me lembro de Cláudio como estudante na ocasião de um seminário dado na Universidade do Estado do Rio de Janeiro (UERJ), no Collège d'Études Transdisciplinaires de Éric Alliez; era, eu creio, um seminário sobre o "Sujeito", com Alain de Libera, e eu aí falava de Aristóteles, da relação entre o objeto da sensação e o sujeito da frase,[2] como se fosse um *work in progress*. Eu tinha consciência de não ser muito clara, já era difícil demais para mim mesma, e eu me lembro apenas de que Cláudio me formulou uma questão que colocava o dedo sobre a dificuldade e esclarecia tudo. Carmen Lúcia Magalhães Paes,[3] que eu tive a honra de conhecer,[4] e o acordo Capes-Cofecub foram passadores incontornáveis. Hoje, é em torno de Fernando Santoro e do *Dictionnaire des intraduisibles* que as trocas se intensificam.

Já faz algum tempo que, quando um estudante francês de destaque não encontra – evidentemente! – nenhum posto na universidade na França, eu o oriento para o Brasil,

---

[2] Esse seminário apareceu no Brasil como último capítulo de *Aristóteles e o lógos* ("Investigação sobre o *lógos* no *De Anima*", In: CASSIN, B. *Aristóteles e o lógos – contos da fenomenologia comum*. Trad. Luiz Paulo Rouanet. São Paulo: Loyola, 1999.)

[3] Professora aposentada do Departamento de Filosofia da UFRJ, orientadora de Cláudio Oliveira, e que tinha feito seus alunos lerem na época (final dos anos 1980) o *Se Parmênides*. (N.T.)

[4] Num evento sobre a Sofística Grega na Universidade Federal Fluminense (UFF). (N.T.)

país-continente onde a política compreendeu como e por que a filosofia antiga não apenas faz parte da cultura, mas esclarece e permite inventar as práticas do presente. É também o lugar onde as disciplinas, literatura, poesia, filosofia e filologia se entrepertencem naturalmente, através dos autores, das obras e da língua, sem forçar nem as tradições nem os preconceitos universitários. Praticar o grego não tem nada de elitista, é evidente que se leia Homero ao mesmo tempo que Parmênides, e Aristófanes ou Plauto ao mesmo tempo que Platão. A natureza do homem, esse animal dotado de *logos*, é na verdade a cultura. Uma outra relação entre cultura e política. Respira-se.

Eu gostaria de dizer um pouco mais a partir de minhas pesquisas atuais, que têm, mais uma vez, afinidade com as de Cláudio Oliveira e que criam uma ponte entre nossos continentes ansiosos. "O psicanalista é a presença do sofista em nossa época, mas com um outro estatuto", diz Lacan em seu seminário de 1965. Quando Aristóteles exclui os sofistas para fora da humanidade, é porque ele os acusa de se rebelarem contra a univocidade: "falar", para Aristóteles, é "dizer algo", e "dizer algo" é "significar algo", e "significar algo" é "significar uma única coisa e a mesma para si mesmo e para um outro", dizer algo que tem um sentido e um único.[5] O um-sentido é a condição do sentido: a proibição da homonímia é tão estruturante para o discurso quanto a proibição do incesto para a família e a sociedade. Ora, os sofistas se atêm a "o que há nos sons da voz e nas palavras": eles jogam com o significante, com o equívoco. Simultaneamente, a modalidade discursiva que os caracteriza, a saber, a *epideixis*, é uma performance: eles agem falando, eles produzem um "efeito-mundo", o que eu chamei, após Novalis e Dubuffet, de "logologia", para diferenciá-la

---

[5] *Legein, legein ti, sêmainein ti, sêmainein hen autôi kai allôi*, são as estações de equivalência que estão no fundamento da demonstração do princípio de não-contradição em *Gamma*, 4.

da "ontologia". Essa terceira dimensão da linguagem, nem "falar de", nem "falar a", nem fenomenologia, nem retórica, mas "falar por falar", via performance e significante, é uma modalidade discursiva radicalmente não-aristotélica, anti e até mesmo ab-aristotélica – "falar em pura perda", diz Lacan. Donde, a ligação entre sofística e psicanálise: são atos de linguagem, aliás que se fazem pagar, que tratam, às vezes, como um bom *pharmakon*. E essas performances, cujo "performativo" inventado por Austin é sua ponta aguda, são capazes de quebrar os dois fetiches que Austin se satisfaz em quebrar bem no final de *Quando dizer é fazer*: o fetiche verdade-falsidade e o fetiche valor-fato. Psicanalistas e sofistas se encontram, portanto, por bons motivos, a partir de sua crítica da ontologia: para Górgias como para Lacan, ou para Lacan como para Górgias, "o ser é um fato de dito" e "o significado é o efeito do significante".[6] É preciso ainda que o outro, Parmênides por exemplo, tenha primeiramente falado: se Parmênides, mais, ainda.

Mas há um passo a mais a ser feito, uma nova ligação. "Uma língua, entre outras, não é nada mais que a integral dos equívocos que, nela, sua história deixou subsistir", diz Lacan em *L'Étourdit*.[7] Eu proponho estender isso a todas as línguas, e não apenas àquelas do inconsciente, de que Lacan fala aqui. Os equívocos, semânticos mas também gramaticais e sintáticos, que as *Refutações sofísticas* [de Aristóteles] tratam com mau humor e paciência, é bem aí que tropeça a tradução. Nosso *Dicionnaire des intraduisibles* [Dicionário dos intraduzíveis][8]

---

[6] Eu remeto, para tudo isso, ao conjunto do *Séminaire XX. Encore* (LACAN, J. *Le Séminnaire. livre XX: Encore*. Paris: Seuil, 1975. Ed. bras.: LACAN, J. *O Seminário, livro 20: Mais, ainda*. Rio de Janeiro: Zahar, 1985.)

[7] "O aturdito". In: LACAN, J. *Outros escritos*. Trad. Vera Ribeiro. Rio de Janeiro: Zahar, 2003.

[8] *Vocabulaire européen des philosophies, dictionnaire des intraduisibles*. Paris: Seuil/Le Robert, 2004. Tradução em curso em uma dezena de línguas, entre as quais o português do Brasil, sob a direção de Fernando Santoro.

trabalha precisamente sobre esses sintomas de diferença das línguas, que são as homonímias, tão pouco acidentais que Aristóteles não encontra exemplo delas que resistam à análise (*kleis*, a chave, e *kleis*, a clavícula, não teriam nada a ver, não é mesmo?). Elas contribuem, de fato, para constituir uma língua em sua singularidade, mais ou menos aparentada àquela de uma outra. Como vocês dizem *être* em português? E o francês conhece a diferença entre *ser* e *estar*? E *ficar*, que equívoco nos revela do francês visto de fora, desterritorializado pela língua de vocês? Cada língua é como uma rede de pesca, que pega outros peixes. Os românticos alemães falavam de "visão de mundo": cada língua performa um mundo, nem totalmente o mesmo, nem totalmente um outro. É assim que nosso dicionário dos intraduzíveis imerge a logologia sofística na pluralidade das línguas.

Compreende-se a sequência, que conduz da crítica sofística da ontologia ao interesse apaixonado pela tradução. Maneira de desfazer nossa certeza aristotélica quanto à essência das coisas: "Se só houvesse uma língua – escreve Hannah Arendt em seu *Journal de pensée* –, nós seríamos talvez mais seguros da essência das coisas",[9] e ela conclui sobre a "equivocidade vacilante do mundo", característica da condição humana, sobretudo feliz, mais feliz, em todo caso, que a uniformização.

A sofística e a tradução são operadores de desessencialização. Mas nós só o sabemos ao ler os textos, lentamente, vivamente também: se um psicanalista não cede sobre o seu desejo, um filólogo não cede sobre o seu texto.

BC
Paris, outubro de 2014.

---

[9] *Journal de pensée (1950-1973)*. Paris: Seuil, 2005, I, p. 56.

Prefácio à edição francesa
(1980)

Como a tapeçaria de Penélope, este livro se desfez ao mesmo tempo e durante todo o tempo em que se fez. Não há sequer uma só frase do texto que ele pretende ler que não tenha sido, com Jean Bollack e Heinz Wismann, compreendida, decomposta, reformada, de outro modo mal compreendia, entendida de novo em tantas voltas de leitura e durante tantos anos – quatro depois que Pierre Aubenque orientou para o tratado meu desejo de trabalhar sobre Aristóteles e os pré-socráticos, mais seis depois da defesa da minha tese sob a forma de uma edição comentada – que eu mesma mal consigo acreditar.

Esse gasto violento de tempo não tem nem sequer, como a fiel tapeçaria, a desculpa ou a vantagem da astúcia. Para dizer com Górgias, Ulisses não existe, ele não veio e de qualquer modo eu não o reconheci. Pois o tratado nos obriga a sair da economia do fim e dos meios: ele também é propriamente sem fim. Preso na finalidade do resultado, seria, com efeito, inaceitável o trabalho de, a cada vez, retomar tudo desde o início, e com o aparelhamento exato da ciência, para fixar o menor sentido, sempre ausente, recomeçado e modificável até o último *só-depois* da última frase. O texto devorador de sentido o restitui, no entanto, em intensidades instantâneas, em que se deixa apreender a adequação entre o trabalho que ele exige e sua natureza própria: longe de ser, como sempre se acreditou, um testemunho doxográfico sobre a ontologia pré-socrática, uma fonte de informações mais ou menos inexatas, desajeitadas, a se verificar e filtrar, trata-se de um discurso inteiramente sofisticado. Ele não diz nada, não transmite nada, não tem objeto: é, primeiramente, uma prática que, à medida que ela se efetua – ao mesmo tempo implicitamente, por sua construção crítica, e explicitamente, no *Tratado do não-ser*, que dá forma e sentido ao conjunto –, denuncia os resultados da ontologia e a economia metódica constitutiva da ciência. Assim o leitor treinado, em vez de agarrar a informação, tem apenas que fazer o aprendizado da sutileza e do esvaecimento. De tal modo que o maior interesse do livro, sua maior chance de fazer escutar algo nesse tipo de prática em que "não há nada além do ouvir", é dar em nada, como o próprio discurso. Ele não poderia, portanto, ser uma contribuição, um fruto que cai no colo da ciência; digamos que seja um lugar: uma concreção de tempo.

Esse tempo não é apenas o meu, é também aquele de Pierre de La Combe, de André Laks em todas as etapas e em todos os planos, de Jean-Paul Woitrain, da equipe inteira do Centro de Pesquisa de Lille III. O trabalho realizado por Heinz Wismann sobre o atomismo e a doxografia permitiu construir, frase após frase, a ideia-força de uma repetição do gesto sofístico por uma doxografia cujo anonimato é aqui o emblema.

Eu agradeço a oferta de *Échange Universitaire* franco-alemã que me ofereceu durante dois anos em Heidelberg as melhores condições de trabalho. Enfim, eu gostaria de dizer o cuidado que Simone Piette trouxe para a confecção do manuscrito, a paciência e o talento de Nadine Deregnaucourt, que levou a bom termo a composição do livro.

B.C.

Abreviações

Referências internas

Tratado (tratado): remete ao conjunto do *De M.X.G.*

Tratado: remete ao *Tratado do não-ser* na versão do Anônimo (= G.).

De M.X.G.: *Sobre Melisso, Xenófanes e Górgias*.

M.: *Sobre Melisso*.

X.: *Sobre Xenófanes*.

G.: *Sobre Górgias*.

M., 1., 4-5: primeiro parágrafo do *Sobre Melisso*, quarta e quinta linhas do texto grego.

M., 1., 4-5: primeiro parágrafo do *Sobre Melisso*, quarta e quinta linhas da tradução.

No interior de cada seção (*M.*, *X.*, *G.*), a referência se efetua por meio apenas das cifras (1.-4. no interior do *Sobre Melisso* designa os parágrafos 1 a 4 dessa seção).

Referências a obras frequentemente citadas

J. B.: J. Bollack, *Empédocle. Les Origines*, tomos I e II, Paris, 1969.

N.: H.J. Newiger, *Untersuchungen zu Gorgias Schrift über das Nichtseiende*, Berlin, 1972.

W.: J. Wiesner, *Ps.-Aristoteles, M.X.G.: Der historische Wert des Xenophanesreferats*, Amsterdam, 1974.

LSJ: *A Greek-English Lexicon*, compiled by H. G. Liddell, R. Scott, H. S. Jones, Oxford, 1968.

KG: R. Kühner, B. Gerth, *Ausführliche Grammatik der griechischen Sprache, Zweiter Teil: Satzlehre*, Hanovre e Leipzig, 1898 e 1904 (reimpressão Darmstadt, 1966).

Denniston: J.D. Denniston, *The Greek Particles*, Oxford, 1954.

Referências aos fragmentos dos pré-socráticos

54 B.: fragmento 54 de Empédocles na edição de J. Bollack, t. II.

28 B 2, 3-5 DK: verso 3 a 5 do fragmento 2 de Parmênides (= 28) na edição de H. Diels e W. Kranz, *Die Fragmente der Vorsokratiker*, sexta edição, Berlin, 1951.

82 A 5 DK: testemunho 5 sobre Górgias (= 82) na mesma coletânea.

Elementos

Um objeto não identificado

1. Filologia ou filosofia

"Se Parmênides": trata-se de ontologia, de sofística, de doxografia. "Edição do tratado anônimo *Sobre Melisso, Xenófanes e Górgias*": trata-se do estabelecimento de um texto grego, de sua tradução, de suas justificações. Do título ao subtítulo, trata-se de filosofia e de filologia, de uma certa relação entre elas.

Por um lado: por que não filosofar sem subterfúgios nem esse desvio com pretensão científica no qual é preciso rastejar, dizia Nietzsche, "com a acribia de uma lesma míope"? Por outro lado: como justificar essas especulações que incham um trabalho aparentemente sério? Prática filosófica ou prática filológica: uma, se ela não invalida a outra, a torna ao menos ilegível.

É impossível fazer de outro modo, eis tudo. Não se compreende nada em um texto como o *Sobre Melisso, Xenófanes e Górgias* enquanto não se o decifrar literalmente e longamente. Eis por que é tão difícil. E nele se lê mais e outra coisa que não se tinha pressentido ou que não se teria inventado, eis por que é tão interessante. Não que se passe assim da filologia à filosofia como a uma esfera superior e que teria fornecido em segredo uma pré-compreensão para executar as obras baixas. Nem que haja na própria filologia dois níveis de interpretação, um "baixo" e "de base" para operar sobre as palavras e a gramaticalidade da frase, e outro mais alto para decidir do sentido geral e da identidade do texto. Há, antes, uma prática única que, seguindo simplesmente até o fim suas próprias leis, respeitando simplesmente a si mesma, não cessa de se erguer, do mesmo modo como sons articulados pelo jogo de suas articulações acabam em discurso. Ao contrário, a separação dos poderes filológico e filosófico torna a primeira contente com hipóteses moles, e faz com que a segunda tenha falta de abertura e de desconfiança, cada uma recebendo da outra, sem sabê-lo, apenas ideias preconcebidas.

2. Doxografia do *De M.X.G.*

O *De M.X.G.* é muito adequadamente designado por esta sigla que, embora fazendo dele uma entidade distinta, deixa apreender muito pouco de sua identidade; esse triplo pequeno tratado tradicionalmente publicado no final do *corpus* aristotélico tem, com efeito, por primeira e essencial característica ter escapado e escapar ainda à identificação. O objeto é não identificado porque não se sabe nem de quem ele fala, nem quem fala, nem, portanto, qual é finalmente o seu sentido e o seu interesse. A filologia é constrangida por esse objeto paradoxal: ela se encontra confrontada com um texto que não é nada além de um texto, que não oferece meio de tomá-lo do exterior, e deveria forçá-la a se tornar o que ela é: uma prática primeiramente e essencialmente interna.

Todavia, não é nada disso, pois o primeiro enigma, a identidade daqueles dos quais se trata, é muito fácil de resolver. Sobre a fé do título transmitido pela maior parte dos manuscritos, dos quais R é o primeiro conhecido, trata-se até a edição de Bekker (1831), logo, também para Kant,[1] e para

---

[1] *Critique de la Raison Pure*, traduction A. Tremesaygues et B. Pacaud, 1ère édition, Paris, 1944 (8ème édition 1975), p. 378 s.; édition W. Weischedel, v. II, Darmstadt, 1963, p. 468 s.

Hegel,[2] de Xenófanes, Zenão e Górgias. No entanto, o manuscrito L, colacionado por Beck (1793), e que tem como título "Sobre Zenão, Xenófanes e Górgias", permitia há muito tempo identificar Xenófanes sob Zenão enquanto que Spalding, na mesma época, já reconhecia Melisso sob Xenófanes, e propunha o atual título. As provas de que se trata primeiramente de Melisso são convincentes: comparação com os diversos testemunhos, e primeiramente o de Aristóteles;[3] referências internas no tratado;[4] e, sobretudo, comparação com os fragmentos conservados, eles próprios tirados de Simplício, feita com minúcia por Reinhardt.[5] Que se trate de Xenófanes e não de Zenão não gera mais dúvidas: Zenão poderia dificilmente ser mencionado como contraexemplo em um capítulo a ele consagrado,[6] e a concordância com as diversas testemunhas,[7] como aquela com Simplício[8] estabelecida também por Reinhardt, é uma prova suficiente disso. Enfim, para Górgias, a identificação não gera questão, por causa da versão correspondente de Sexto Empírico.[9]

---

[2] *Leçons sur l'Histoire de la Philosophie*, traduction P. Garniron, II, Paris, 1971, p. 266; Theorie Werkausgabe, Frankfurt, 1971, v. 18, t. 1, p. 434 s.

[3] Cf. em particular *Metafísica*, A 5, 986 b 18-21; *Física*, A 2, 185 a 32 s.; A3, 186 a 10-22.

[4] Recordação, no curso do tratado, do princípio "nada provém de nada" como princípio melissiano utilizado por Xenófanes (primeiro enunciado do princípio em *M*., 1., *2 s.* ; recordação em *X*., 8., *1-3*), recordação da dedução não-engendramento – ilimitação como melissiana na demonstração referencial de Górgias (*G*., 6., *3-5*).

[5] *Parmenides und die Geschichte der griechischen Philosophie*, Bonn, 1916, p. 90 s.

[6] Cf. *X*., 17., *12-14*.

[7] Cf. em particular Aristóteles, *Met*., A 5, 986 b 21-24; Hipólito, *Refutações*, I, 14; Ps.-Plutarco, em Eusébio, *Preparação evangélica*, I, 8, 4.

[8] *Comentário sobre a Física de Aristóteles*, p. 22, 1. 26 s., edição Diels.

[9] *Contra os matemáticos*, VII, 65-87.

Essa primeira identificação, necessariamente operada de fora, por meio de um método comparativo, é então compreendida como base e como modelo para resolver o segundo enigma. Busca-se quem fala, comparando tratado e testemunhos já conhecidos, comparação da qual se supõe poder deduzir a diferença entre a ou as fontes utilizadas, mas também entre as maneiras de utilizá-las. Essa diferença, compreendida em termos de perda e deformação da informação, permite atribuir senão um nome, ao menos uma identidade histórica, temporal e doutrinal, ao autor anônimo. Um tal método só é aplicável em virtude de uma certa pré-compreensão do texto como texto doxográfico, e da própria doxografia como repetição mais exata possível das opiniões dos filósofos. O tratado entra então em um gênero: o dos manuais escolares, mais ou menos bem feitos e mais ou menos tendenciosos.[10]

Chegamos assim a uma verdadeira doxografia do Anônimo:

A partir dos manuscritos e segundo certos editores ou comentadores como Hegel, Karsten, Mullach, o autor é o próprio Aristóteles, que se trate de notas de cursos ou então de extratos fragmentários de uma obra mais importante.

Outros, tais como Bessarion, Brandis, Bergk, Kern, e mais tarde Reinhardt ou Steinmetz, seguem a segunda mão do manuscrito R, e pensam que o tratado é de Teofrasto ou então que o cita mais ou menos diretamente à maneira dos escritos de Simplício.

Outros ainda, em particular Gigon e Kerferd, retomam a opinião que Diels, após Zeller, professa nos "Prolegômenos" dos *Doxographi Graeci*, segundo a qual o Anônimo é um peripatético do terceiro ciclo aproximadamente.

---

[10] A obra de J. Wiesner (*Ps. Aristoteles, M.X.G.: der historische Wert des Xenophanesreferats*, Amsterdam, 1974) fornece o exemplo mais recente e o mais típico desse método. Para uma crítica detalhada, ver minha resenha em *Gnomon*, 49, p. 773-784, 1977.

A menos que ele seja um peripatético tardio do século I d.C ou um eclético peripatético meio estoico, como o supõe o próprio Diels em seu prefácio ao *De M.X.G.*, seguido por Gomperz ou Robin.

Mas Gercke afirma que é um cético.

Untersteiner, por sua vez, diz que é um megárico. E Reale concorda com sua opinião, e responde a Kerferd: *Per esclusione, no resta che um Megarico*.[11]

Nada impede, enfim, de combinar as hipóteses supondo misturas, superposições, acréscimos, adições, todo um *puzzle* de fontes combinado por um Anônimo preocupado, por exemplo, em eleatizar Xenófanes, como o afirma mais recentemente Wiesner.

Alguns dizem que, outros dizem que, outros ainda que, nada enfim impede de dizer que. Tudo o que há de certo é que: o discurso sustentado sobre o doxógrafo é um discurso doxográfico.

É importante, enquanto se mencionam todas essas hipóteses, ver bem a escassez dos fatos que são tão contraditoriamente interpretados. Primeiramente, os "erros" do Anônimo, que atribui a Anaximandro o pensamento de que tudo é água,[12] depois, a forma dialética e sobretudo os "nem... nem" de Xenófanes,[13] alguns termos estoicos,[14] alguns fatos de língua raros destacados por Diels,[15] enfim, a localização

---

[11] Zeller, Mondolfo, *La Filosofia dei Greci nel suo sviluppo storico*, Florença, 1967, I, 3, p. 54.

[12] Cf. *M.*, 18., *3 s.*.

[13] Cf. *X.*, 5. E 6. ; 12.-17. ; ver *infra*, p. 44.

[14] Cf. em particular *lekta*, "exprimíveis", *X.*, 13., 4.

[15] As locuções *ei kôluei, all'ara*, ou *mentoi ge, epei toi ge* não poderiam ser de Teofrasto e fariam datar do século III, nos *Doxographi*, mas, por causa da letra *xi* (ξύν) e do vocabulário poético (*teknoun, atremein*), seria necessário remontar até o século I, no *Prefácio* – todos, aticismos e influências da literatura ática antiga, responde Untersteiner.

de certos temas, procedimentos, movimentos, com finalidade megarizante ou eleatizante.

Mas que o erro seja de fato um erro, que a dialética seja acrescentada ou que ela conote com evidência sua origem, que as particularidades linguísticas sejam suficientes para datar com segurança, e, sobretudo, que a finalidade não seja uma construção laboriosa de historiador explicando o desconhecido – um texto anônimo – com o mal conhecido – a doutrina megárica ou um hipotético renascimento da escola eleática –, nada é menos certo.

3. O tráfico filológico

Todos esses juízos têm em comum o fato de considerar o seu objeto exclusivamente como uma fonte de informações sobre Melisso, sobre Xenófanes e sobre Górgias; a exatidão dessa informação dá todo o valor do texto: do bastante bom ao muito bom para Melisso; melhor do que (Calogero, Gigon, Verdenius, Bröcker), pior do que (Nestle, Loenen) ou diferente de (Untersteiner, Kerferd) Sexto, mas, em todo caso, bom para Górgias; muito ruim para Xenófanes, em vista da magra concordância com os fragmentos conservados por outros caminhos e da forma dialética surpreendente dos predicados de deus; até Reinhardt ao menos, que se apoia no tratado para inverter a ordem até então admitida e que lê no *Sobre Xenófanes* a fidelidade a um autêntico dialético vindo para o pensamento depois de Parmênides e antes de Melisso, enquanto Untersteiner e Wiesner vão decifrar nele uma finalidade megárica ou neoeleática. Como quer que seja, o texto não tem nenhuma consistência enquanto tal; seu único interesse é ser uma mina, entre outras, de ensinamentos a se extrair e peneirar. Ele é escolar e tosco, como toda doxografia; e ainda mais insuficiente por se tratar de doxografia tardia; ao que se acrescentam os defeitos suplementares devidos à ignorância, à estupidez ou à predisposição do seu autor. Todo o trabalho de interpretação consiste, portanto, em desdeformar a informação, isto é, torná-la finalmente compatível com o que o editor sabe já por outras fontes. A prática do texto que corresponde a essa concepção da obra é igualmente normativa. Como o doxógrafo é mau aluno, o copista, que talvez não saiba nem mesmo o grego, é negligente e tosco; mas ele deve também, artefato contraditório, ser bastante douto para melhor interpolar e corrigir, assim como o Anônimo ousará deformar voluntariamente. O texto, a ser reconstruído como a informação, não tem outro modelo senão a sua conformidade ao sentido e à sintaxe esperados, senão sua banalidade. Nenhuma de suas particularidades tem, nessa perspectiva, a menor chance de ser tomada em consideração. Também há muito poucas frases que não tenham sido remanejadas, em um momento ou outro da tradição douta. Não que os manuscritos, se colocarmos de lado algumas lacunas, estejam aqui em um estado particularmente ruim; mas, como frequentemente, alguns deles dentre os mais recentes brincam já de filólogo simplificante e normalizante, e é o trabalho deles que as diversas edições perfazem, cada uma a sua maneira: é difícil representar a reificação fantasmática do *De M.X.G.* tal como a prática filológica e interpretadora no-lo transmitiu.[16]

De tal modo que essa filologia decepciona. Ela toma de empréstimo as vestimentas da ciência: da paleografia para justificar suas correções a partir de diferenças diacrônicas no traçado das letras ou na pronúncia e pela probabilidade dos tipos de falhas; da gramática para decidir sobre as possibilidades do estilo; da história para decidir quanto a interpretações aceitáveis. Mas, ao fazê-lo, ela, na verdade, trapaceia, na medida em que, em vez de explorar as singularidades de um

---

[16] Ver a comparação entre os manuscritos L e R. A importância das correções nos sugeriu guardar seu testemunho, no fim do aparato crítico.

texto e de uma transmissão, ela encoraja, assim, apenas essa distância do objeto que autoriza todas as manipulações. A filologia só é fiel a si mesma, só respeita as suas próprias regras, ao deixar ao texto a chance de uma identidade maximal.

4. A inflação do sentido

Mas como proceder, concretamente? O *De M.X.G.* é apenas um texto, sem autor. Em vez de lhe supor um gênero que autorize seu desmembramento com um tratamento normativo da letra, é preciso recusar essa intimação prévia: o tratado teria provisoriamente por gênero não tê-lo. A prática se inverte então: na falta de cânone para mensurar e corrigir o desvio, o único recurso é o do próprio texto, a partir do qual, e somente em segundo lugar, índices de gênero poderiam ser detectados. É preciso, portanto, partir de novo do texto como único dado e se propor a ficção inversa: não que o texto está normalmente errado, mas que ele está normalmente exato, e que convém dar razão a ele tal qual, o mais integralmente possível, assim como se levaria em conta um fato.

Mas quando nos propomos a lê-lo, ele repele; na verdade, não compreendemos nada, nem no detalhe das frases, nem na visão de conjunto. Em vez de resolver imediatamente a dificuldade local por uma correção ainda menos surpreendente pelo fato de que ela vai se fortificar por suas próximas repetições, prender-nos-emos à regra *princeps* da filologia, a da *lectio difficilior*, que impõe analisar a expressão mais singular: na ocorrência, trata-se de examinar entre todas as lições aquelas do manuscrito L. Um meio de acesso eficaz à literalidade é partir de novo das correções, compreender quais dificuldades de língua ou de pensamento elas têm por objetivo evitar; e depois, refletir sobre essas dificuldades e ver em que condições, para quem e por que, em virtude de quais pressupostos, elas são efetivamente dificuldades: em geral, elas remetem a uma falta de imaginação, interditando o questionamento de uma compreensão imediata ou herdada; as duas senhoras dos erros, aqui como alhures, são a precipitação e a prevenção. É notável que nesse texto a grande maioria das correções provém não de uma impossibilidade linguística, pois muito frequentemente a frase grega se constrói sem problema, mas de uma dificuldade de pensar. Para vencer essa dificuldade, um único recurso e sempre o mesmo: a letra do texto, prestar atenção a todas as indicações diferenciais até então negligenciadas, tais como a ordem das palavras, a presença ou a ausência de um artigo, a distribuição das partículas, pois são elas o rastro do sentido e é aí que mora o clique do seu mecanismo.

Mas, ao endireitar o pau torto, corre-se um risco simétrico. Pois é verossímil que uma porção de texto, qualquer que seja seu agenciamento, apresente sempre ou quase sempre um "sentido" que uma atenção e um tempo suficientes farão sair do seu esconderijo. E, em vez de um, é uma pluralidade de sentidos que uma combinatória exaustiva dos elementos corre o risco de produzir. O editor, ao praticar assim, fica rapidamente rico demais: com que direito, a partir de que critérios, escolher entre os sentidos, não apenas aqueles das diversas correções, às vezes toscos mas tão fáceis e verossímeis, mas, além disso, cada um daqueles propostos por cada uma das lições manuscritas? Como eleger o "um-sentido", o "verdadeiro" sentido?

Eis-nos aí, no círculo hermenêutico. Só pode se tratar de um vai e vem entre os sentidos parciais possíveis e a antecipação do, ou dos, sentido(s) do texto inteiro, que já sempre serviu de horizonte para a constituição dos sentidos parciais, mesmo que sendo ele próprio constituído a partir deles. Nesse nível, não poderia haver nenhuma diferença de essência entre uma prática rápida e redutora da filologia e uma prática rigorosa até a obsessão e imaginativa até o delírio. Todas as duas têm ao menos a ambição de não deixar nada de lado e de produzir sistematicamente a identidade do sentido.

Pareceu-nos, também aqui, que o único remédio ou a única garantia era a lentidão: esperar, o mais longamente possível, explorando o maior número de sentidos possíveis e deixando-os abertos, cada um sem suas sequências possíveis, que um certo número dessas possibilidades manifeste sua incompossibilidade e que o leque do sentido se feche enfim. O filólogo é necessariamente leibniziano: trata-se, para ele, de dar razão; tudo, cada elemento do texto, cada falta como cada correção, deve ser explicado; e princípio do melhor: é preciso editar o melhor texto possível; o que se entende sempre como princípio de economia: fazer mais com menos, com o mínimo de despesa, isto é, com o mínimo de milagres, de decretos particulares, de distorções em relação aos dados, o máximo de variedade; se são dados tanto a letra do texto transmitido quanto um certo estado gramaticalmente legal da língua, as despesas serão as correções e as anomalias, e a variedade, a "riqueza" do sentido. O intérprete se encontra então em posição divina: é calculando que ele faz o mundo, que ele organiza e solidifica o texto. Sabemos que, se houvesse muitos melhores mundos, Deus não teria criado nenhum deles; assim, necessária ao sentido, para ser tal, a unicidade do superlativo: somente o melhor dos sentidos possíveis é o sentido efetivamente real, e enquanto subsistir uma hesitação econômica, o cosmos do texto permanece inacabado. Foi de fato necessário consentir ao fato de que, às vezes, seja este o caso. Mas, com toda evidência, o texto só é tal, tal como em si mesmo, no fim, como produto dessa operação criadora: onde se torna manifesto que seu estatuto de fato é um estatuto de fabricação e de ficção.

Aqui mesmo, quanto ao *De M.X.G.*, nós apenas fizemos respeitar esse princípio da filologia elementar: o mínimo de despesa para o máximo de sentido. E somente esse respeito nos conduziu a um resultado desconcertante em relação às edições precedentes. Pode-se, é claro, colocar em causa a valorização de cada despesa: nós decidimos frequentemente que uma correção paleograficamente mínima como o acréscimo ou a subtração de duas letras formando uma negação, por exemplo, era mais custosa que significante, enquanto, ao contrário, certas distorções sintáticas como a presença inesperada de um artigo, de uma partícula ou de um modo, eram mais significantes do que custosas. É que, por um lado, uma língua, por mais morta que ela seja, não se reduz nem a seus dicionários nem ao conjunto das regras sedimentadas em suas gramáticas. É que, por outro lado, um texto constitui um império em um império, tanto por seu estilo quanto por sua visada: o círculo ou, antes, a circulação entre compreensão do todo e compreensão de uma parte não é evitável, e uma vez reconhecidas aqui a pertinência e a precisão das temáticas da predicação ou da negação, uma correção dirigida a esses pontos não poderia ser admitida senão com um grande custo.

Enfim, essa "riqueza" do sentido, alvo da operação econômica e resíduo da metáfora, é bem difícil de definir. Na prática, o editor se vê preso entre duas inflações: a das correções, uma correção levando a outra, e depois a outra, até a banalização crescente de uma relação de policiamento que faz de um texto sua própria paráfrase; a das manutenções, uma manutenção levando a outra ou, antes, cada interpretação que autoriza uma manutenção levando a outra, uma fioritura de sentidos a mais, cada vez mais sentidos, até fazer do texto, dessa vez, o seu próprio abismo. A riqueza do sentido deveria ser, então, normalmente "prática" em todos os sentidos do termo: nem demais nem pouco demais, nem numerosos cortes textuais nem fetichismo da letra, nem conformidade às normas nem idioleto incompreensível, meio termo entre a tolice da insuficiência de sentido e a extravagância do giro de sentido excessivo.

Mas aqui, com um texto do qual se pode tudo esperar e tudo temer, a economia do sentido não pode não ser realmente inflacionista. Como se a hipótese de um discurso maximal, sem determinação genérica, requeresse uma filologia maximal ou maximalista. O excesso do sentido tem a ver com a particularidade do texto sem gênero, duplicado pela resistência de cada um de seus elementos, que opõe a toda compreensão totalizante uma singularidade que se renova sem cessar. Ousaríamos dizê-lo assim: o "verdadeiro" sentido é aquele que o ridículo não mata?

5. O fio condutor

Foi bastante encorajador para essa prática o fato de que ela autorizava uma hipótese minimal no que diz respeito ao tratado, a saber: o *De M.X.G.* é efetivamente compreensível. O que significa dizer que ele não se deixa apreender apenas como uma fonte de informação, mas como um conjunto estruturado, como uma obra. Ou antes, não identificado nessa instabilidade conotada pela obra, o texto assim abundante de um sentido sem limite parece seguir uma inclinação. Ele se encaminha para um momento em que diz, ele próprio, o que se deve pensar dele, e desemboca no que está propriamente em jogo nele. Não que a teoria se enuncie à parte: ela é legível apenas na condução, na prática do discurso que ele é. Pois ele indica sua finalidade ao se desenrolar, e seu *télos* coincide com seu termo. De tal modo que, assim como não se pode dizer que um homem é feliz antes do dia de sua morte, só se percebe o tratado com a sua última frase.

O primeiro indício em favor de uma consistência própria do tratado é a ordem surpreendente que ele faz suceder, contra toda evidência cronológica, Melisso, depois Xenófanes e Górgias: enquanto todos os testemunhos concordam em fazer viver e pensar Xenófanes antes de Melisso, o *Sobre Xenófanes* segue, e não precede, o *Sobre Melisso*. É claro que é lícito extrair argumento da mesma observação exatamente para estabelecer um menos de sentido: o autor não sabe nada sobre isso e justapõe ao acaso; ou ainda: a transmissão é defeituosa, ela inverteu, seções intercaladas foram até mesmo perdidas.[17] Mas, se há indício, se há sentido, é preciso supor ao contrário que Xenófanes é um elo teórico intermediário entre Melisso e Górgias.

Resta determinar de qual cadeia. O segundo índice, explícito e fornecido justamente pela última frase ela mesma,[18] vem precisar a hipótese. Se "todos e Górgias são aporias de autores mais antigos", é porque o tratado constitui um todo e seus elementos, uma série. O último elemento da série, Górgias, é manifestamente notável já que os outros veem se estender até eles sua característica; eles são, como ele, uma "aporia": um incômodo, um obstáculo que se pode apenas contornar. É, portanto, a partir de Górgias que a sucessão Melisso-Xenófanes deve poder se compreender. Além disso, as aporias que eles constituem, todos os três, são "feitas a partir de autores mais antigos": uma interpretação completa considerará, portanto, os três autores a partir do aquém de um pensamento anterior. A cadeia Melisso-Xenófanes-Górgias deve, assim, ser interpretada, ao mesmo tempo, retroativamente, desde o último elo, e em referência a uma origem não inscrita na cadeia.

Há, no que concerne a essa origem, uma suposição inevitável; com efeito, Melisso e Xenófanes não têm, nenhum dos dois, identidade senão em relação ao pai dessa escola eleática à qual é notório que eles pertencem: Parmênides. Por sua vez, as teses escandalosas de Górgias reportadas no tratado – "nada é; se é, é incognoscível; se é e se é cognoscível, é incomunicável" – sempre apareceram como se

---

[17] É a hipótese de Zeller, de Diels, de Burnet, os quais, essencialmente por razões de completude interna (referência a Zenão paralela à de Melisso em G., 2., *16-18*; múltiplas referências a Zenão e a Parmênides), consideram que uma seção tenha sido consagrada a Zenão, até mesmo uma outra a Parmênides.

[18] *G.*, 12.

referindo manifestamente ao pensamento de Parmênides para contradizê-lo.[19] A cadeia teórica iria, portanto, de Parmênides a Górgias.

Para Aristóteles, Melisso e Xenófanes não são nem metafísicos, em função do seu conhecimento insuficiente dos primeiros princípios,[20] nem físicos, já que eles não têm em vista a pluralidade nem o movimento.[21] Seus raciocínios e todos os seus discursos são "erísticos", eles partem de premissas "falsas" e são "incapazes de silogizar". Eles deveriam, antes, ser colocados ao lado daqueles "que falam pelo prazer de falar"; ora, a expressão caracteriza, na sua essência mesma, os sofistas.[22] O fio do tratado, nesse aspecto, ao mesmo tempo não-aristotélico e aristotélico, seria mostrar como Melisso e Xenófanes são já sofistas ou em que eles cometem o parricídio e conduzem, portanto, de Parmênides a Górgias, da *phusis* ao *logos*, do ser ao não-ser, da ontologia à sofística. Encontrar as condições de possibilidade do discurso escandaloso de Górgias no modo singular como Melisso, e depois Xenófanes, repetem e transformam Parmênides, eis o que constituiria a perspectiva própria do tratado, ainda não percebida.

6. O "algo" de Melisso

Para que "o ente" de Parmênides possa se aniquilar em "nada" de Górgias, é preciso o "algo" de Melisso.

O *Poema* de Parmênides parte da afirmação divina: "que é", e o verbo desdobra aí a esfera da sua presença, que é ao mesmo tempo a da linguagem se estruturando ela própria, para que venha a se dizer, no termo da declinação dos

---

[19] Cf. *infra*, p. 53-55, e o conjunto do capítulo "O Parmênides de Górgias", p. 53-83.
[20] Cf. *Met.*, A 5, 986 b 10-27.
[21] Cf. *Phys.*, A 2, 184 b 25-185 a 1.
[22] *Ibid.*, 185 a 6: *tôn logou eneka legomenôn*; cf. *infra*, p. 100.

predicados, seu sujeito: "o ente".[23] Dessa afirmação original à primeira frase da exposição melissiana: "se algo é",[24] não há simples retomada em um modo hipotético. Pois a hipótese, na demonstração da eternidade em que ela figura, não é diretamente incompatível nem com a pluralidade nem com o devir: o "algo", diferentemente do "ente" uno e todo inteiro presente, poderia muito bem sem contradição ser uma multiplicidade em devir. É que, com o "algo", Melisso parte, em uma sintaxe já reflexivamente constituída, do sujeito como possibilidade adquirida e o assinala de início como lugar gramaticalmente vazio. Trata-se então de reencontrar o sujeito presente, ente – "o ente" propriamente dito –, por meio da predicação que se torna assim o centro da metafísica.

Ora, a predicação determina um sujeito essencialmente plural, lugar sintético da multiplicidade mutante dos predicados. A diferença tão observada entre Parmênides e Melisso, que o ente não seja mais uma esfera limitada[25] mas algo de ilimitado,[26] encontra aqui o seu fundamento: o "algo", para se tornar o ente, tem que poder totalizar a infinidade virtual de seus predicados,[27] e é apenas ao fim dessa operação que

---

[23] Cf. 28 B 2, 3 DK : *hopôs estin*, "que é"; *ibid.*, 8, 32 : *to eon*, o "ente". Essa leitura do *Poema* é aquela que o próprio Górgias sugere, ver *infra*, p. 53-83.

[24] *M.*, 1., 1 : *ei ti esti*, "se algo é". Cf. também a crítica do doxógrafo em *M.*, 15.. É uma grande aberração de método e de pensamento querer, para reencontrar o *ti*, "algo", corrigir o texto parmenídico como fazem Bröcker e Loenen (Bröcker propõe ler *esti ti* no lugar de *esti te* no verso 3 do fragmento 2 – p. 428 de seu artigo, nota 1 – e Loenen constrói o conjunto do seu livro sobre a *basic thesis* dos eleatas: *ei esti ti*; cf. §43, p. 176 *e.g.*).

[25] 28 B 8, 42-49 DK.

[26] Cf. *M.*, 2.

[27] A indicação de Aristóteles em *Met.*, A 5, 986 b 18-21, segundo a qual Melisso, diferentemente de Parmênides, ter-se-ia ligado ao "um segundo a matéria (*tou kata tèn hulèn*)" e não "segundo a forma (*tou kata ton logon henos*)" se presta a uma tal interpretação, na medida em que a

a cópula encontrará seu sentido existencial e o algo, uma consistência de ente.

Em consequência, mesmo os predicados idênticos quanto ao nome não têm o mesmo sentido em Parmênides e em Melisso: "eterno", em particular; se isso designava, no *Poema*, a pura presença do ente, sofre, aqui, a difração característica de uma representação espacial do tempo e reenvia à permanência do sujeito através do passado e do futuro. Da mesma forma, se é "um" e "todo", não é mais como a esfera necessariamente única pelo simples fato de sua constituição a partir do "é". A unidade do algo é, antes, essencialmente numérica, garantindo apenas que o sujeito seja um e não dois, portanto, que todo predicado, qualquer que seja, é efetivamente predicado do sujeito. Mas, uma vez que ele é "todo", isto é, uma vez que qualquer predicado tem que ser predicado do sujeito, a identidade do algo é necessariamente inacabada e infinitamente incompleta. Seu predicado mais adequado, que permite pensar ainda essa identidade através do conjunto inesgotável das diferenças predicativas, é ser "tal": o único sujeito, a cada vez idêntico ao predicado considerado, é sempre "tal" ou "tal", "um tal" não importa qual.[28]

A fidelidade de Melisso frente ao mestre Parmênides produz apenas essas heterodoxias. É por ser mais parmenídico do que Parmênides que Melisso escolhe a ilimitação: ela permite afastar do ente, com sua representação como esfera limitada, uma suspeita de corporalidade; ora, essa suspeita, explorada por um Zenão, por exemplo, basta para aniquilar ponto por ponto o que se chama de corpo, divisível ao infinito. Da mesma forma, a pluralidade em devir que constitui, no *Poema*, o mundo da *doxa* é absolutamente

---

matéria é por excelência o substrato-sujeito primeiro capaz de todos os predicados, mas em si indeterminado, "aoristo", e quase-nada.

[28] Para "eterno", cf. *M.*, 1. E 2.; para "todo", cf. *M.*, 3 ; para "tal", cf. *M.*, 6.

excluída da ontologia melissiana; para produzir e preservar a integridade do ente, Melisso faz já como os mais platônicos dos intérpretes de Parmênides: ele confunde o aparecer com o não-ente; não apenas a pluralidade é uma "aparência sem retidão", mas os dados sensíveis são ilusões puras que se opõem radicalmente à racionalidade do *logos*.[29] Mas esse acréscimo de fidelidade, esse escoramento de Parmênides a despeito dele, produz uma infidelidade muito mais pesada. Pois é por se achar assim purificada, logicamente exacerbada, sobreidentificada, que a identidade do ente começa a se degradar, reduzida ao "algo" como suporte da predicação.

Simultaneamente, o escoramento produz uma verdadeira mudança de discurso: enquanto o *Poema* se desdobra ele próprio como o "é" que aí se deixa pensar, as teses atribuídas a Melisso se encadeiam de uma maneira totalmente diferente. Elas constituem uma série de demonstrações e, como tais, estão submetidas de saída ao conjunto de princípios lógicos. Elas têm por motor o princípio de não-contradição e o do terceiro-excluído, já que cada uma, procedendo por absurdo, toma como premissa o predicado contraditório àquele que ela entende demonstrar, e prova sua impossibilidade pela contradição das consequências que daí decorrem com o ou os predicados já demonstrados do sujeito. E a primeira demonstração, a do predicado "eterno", não tendo predicado anterior sobre o qual se apoiar, expõe a impossibilidade do engendramento por contradição com uma premissa geral e evidente, que não é senão o princípio de razão sob sua forma "vulgar", diria Leibniz, e escolástica: *nihil ex nihilo*, "nada provém de nada".[30]

É esse excesso de fidelidade que vai abrir a via, quanto aos efeitos produzidos assim como quanto ao próprio procedimento, para o discurso de Górgias.

---

[29] Cf. Parmênides, 28 B 8, 50-61; *M.*, 8. E 9.
[30] *M.*, 1., *1-3*; *M.*, 10. E 11.

7. O deus neutro de Xenófanes

Via Xenófanes, pois a heterodoxia maior de Xenófanes – que presta, no entanto, testemunho de sua fidelidade a Parmênides –, constitui, de fato, o elo intermediário entre Melisso e Górgias. Melisso transforma a esfera do ente em um algo de ilimitado, só existindo como suporte da predicação; Xenófanes torna manifesto que, ao menos em certos casos, toda predicação lhe é inadequada: esse algo, suporte da predicação, mas de uma predicação não efetuável, não pode mais então senão se aniquilar.

Para começar, "o ente" de Parmênides, que se tornou o "algo" de Melisso, é chamado de "deus" por Xenófanes: que esse terceiro termo forme série é garantido pela oscilação constante entre masculino e neutro que serve para designá-lo.[31] Se o ente e o algo, ainda que de modo essencialmente diferente, eram todos dois "eternos", do deus dir-se-á que ele é "impossível", a saber: "impossível que ele provenha".[32] A formulação tem seu interesse, pois o bem nomeado "deus" se revela efetivamente impossível, tanto um impossível da predicação como da representação.

É sua própria singularidade, sua diferença para com tudo o que não é ele, que interdizem que se chegue a identificá-lo: o deus, com efeito, que é e que é um, não se assemelha nem ao não-ente nem à pluralidade e não pode, portanto, partilhar nenhum dos predicados deles; ele não poderia ser "nem ilimitado" como o primeiro, "nem limitado" como a segunda, e muito menos "imóvel", nem "em movimento".[33] Quer esses predicados antinômicos que fizeram correr tanta tinta sejam autenticamente de Xenófanes ou já uma interpretação, eles constituem, em todo caso, o aporte próprio do *Sobre*

---

[31] Cf. *X.*, 1.; *X.*, 2.
[32] Cf. *X.*, 1, *1 s*.
[33] *X.*, 5. e 6.

Xenófanes. Pois, assim como o observa o Anônimo, "o que mais são todas as coisas, além do fato de ter ou não ter o 'não'?";[34] de tal modo que o ente é necessariamente ou isto ou não-isto, e o que é "nem... nem" corre o risco de ser – para todos como para Górgias em seguida, aniquilando, em sua demonstração referencial, o sujeito, na falta de qualquer predicado – "nada".[35]

Uma vez que o deus se deixa caracterizar, a contradição de sua natureza se torna ainda mais manifesta, e ele se põe então como um impossível da representação. Assim, Xenófanes predica ainda, de seu deus, a esfericidade parmenídica ou, mais exatamente, uma esfericidade atenuada, algo de uma esfera: a "esferoidicidade".[36] Mas como uma esfera poderia não ser limitada? Da esfera limitada ao algo de ilimitado, e do algo de ilimitado a um esferoide nem limitado nem ilimitado, a representação física parece cada vez mais inadequada e se torna mesmo totalmente impossível: é preciso que "isso" não seja um corpo. Não podemos mais nos espantar, desde então, com o fato de que lhe seja aplicada a mesma não-predicação que ao "indivisível", que ao "átomo". Como o sublinha Aristóteles,[37] o ente, concebido como um e indivisível, logo, como incorporal, não é "nem ilimitado como o afirma Melisso, nem limitado como para Parmênides". Ele se produz, assim, com as impossibilidades correlativas de representar e predicar, uma nadificação do ser muito próxima de uma atomização, que a leitura de Górgias[38] confirmará amplamente. Como quer que seja, é importante observar de novo, ao menos na ordem do *De M.X.G.*, que é somente por fidelidade a Parmênides,

---

[34] *X.*, 13., *17 s.*
[35] Cf. *G.*, 2, e *infra*, p. 65-67.
[36] *X.*, 4.
[37] *Phys.*, A 2, 185 b 16-19.
[38] Ver *infra*, p. 104-107.

lido como pensador do ser e não como "físico" do corpo, que Melisso e depois Xenófanes o repetem diferindo-se dele. Mas essa diferença fiel produz um efeito catastrófico, aniquilando, na verdade, o que ela garante.

Como em Melisso, mas ainda mais, e já como no discurso sofístico, as demonstrações repousam sobre uma aplicação estrita, e mesmo furiosa, dos princípios lógicos. O Anônimo, que retoma uma a uma as teses, para criticá-las, remete os predicados antinômicos a um desconhecimento da distinção aristotélica entre negação e privação. É por não respeitar essa nuance, que permite, só ela, um funcionamento correto dos princípios de não-contradição e do terceiro-excluído, que Xenófanes seria conduzido a suas conclusões paradoxais.

Uma análise dos textos aristotélicos que tratam da privação nos ensina que ela difere desse outro modo de opor que é a negação por duas características essenciais: ela se aplica a termos, portanto, a atributos, e não a proposições, portanto, a verbos; mas, sobretudo, ela implica algo mais que a simples "ausência" de uma qualidade: uma "natureza subjacente", um "rosto" ou uma "essência".[39] Um homem, por exemplo, será dito "privado de visão", "cego", porque naturalmente ele deveria ver. A privação indica indiretamente essa faculdade, atualizando a ausência sobre um fundo de presença; ao contrário, uma pedra ou o bem serão "negados" de visão, isto é, situados por uma negação fora da esfera do predicado.

O Anônimo, retomando essa distinção com a maior exatidão,[40] se serve dela para mostrar que o não-ente só é

---

[39] Ver em particular *Met.*, Γ 2, 1004 a 9-20 e *Phys.*, B 1, 193 b 19 s.; cf. o comentário de uma precisão perfeita que dá disso Heidegger em "Ce qu'est et comment se détermine la *Phusis*", *Questions II*, Paris, 1968, p. 265-276 ("Vom Wesen und Begriff der Φύσις", *Gesamtausgabe*, I, 9, Frankfurt, 1976, p. 294-301 [Ed. bras.: A essência e o conceito de Φύσις em Aristóteles – Física B, 1 (1939), *Marcas do caminho*. Petrópolis, RJ: Vozes, 2008].)

[40] Cf. *X.*, 15. e 16.

rigorosamente suscetível de negações, enquanto o ente pode receber afirmações e privações, mas também negações exatamente como o não-ente. Se o não-ente é necessariamente "não-móvel" segundo a negação, um ente, por sua vez, pode estar positivamente "em movimento" ou privativamente "em repouso" quando o movimento cessa; mas, se ele não é um corpo, diremos dele justamente que ele é "não-móvel", segundo a mesma negação que se aplica ao não-ente. O Anônimo refuta assim a demonstração de Xenófanes. Por um lado, ente e não-ente podem ter atributos comuns: as negações; não é portanto porque o não-ente é ilimitado ou imóvel que o ente não poderia sê-lo, por sua vez. Por outro lado, o que Xenófanes atribui ao não-ente não pode realmente ser-lhe atribuído, uma vez que ele não distingue entre "imóvel" e "não móvel", uma vez que se trata de privações e não de negações.

A crítica faz assim a privação aparecer com um intermediário essencial entre os contrários, que permite aos princípios lógicos funcionar sem rusticidade. Pois, ao tomar o terceiro-excluído ao pé da letra assim como Xenófanes se utiliza dele, é impossível manter uma distinção entre uma formulação estranha do tipo "o deus não é nem móvel nem imóvel" e uma absurdidade pura e simples: "o deus é ao mesmo tempo móvel e imóvel".[41] Dito de outro modo, é não apenas o respeito a Parmênides, mas também o respeito à lógica que, levados a seu ponto extremo, produzem uma inversão catastrófica. Mas Xenófanes não tem, por assim dizer, escolha. Pois, por outro lado, a insistência aristotélica sobre a privação, na encruzilhada dos conceitos maiores que são o "acidente" (a privação não é uma negação da essência, mas apenas a de um predicado) e a "potência" (a privação marca um lugar vazio, ela é presença da ausência, possibilidade

---

[41] Cf. X., 15., *1-4*.

não atualizada), faz dela a chave da refutação do eleatismo.[42] Assim, Xenófanes, ao evitar a armadilha da representação corporal à maneira de Zenão, e a armadilha da refutação aristotélica, acaba produzindo um eleatismo pronto para a "sofisticação", pronto para a sofística.

Do ente parmenídico ao "algo", do algo a um "deus" neutro, não tendo nem um nem o outro predicados contrários, e mais próximo assim de um "nada" que de um algo; da fala poética estruturando-se ela própria a uma lógica predicativa e demonstrativa, da obediência a essa lógica a um excesso de obediência que autoriza a absurdidade: Górgias pode agora discursar.

8. A repetição crítica

Se tal é a inclinação do *De M.X.G.*, então o Anônimo que o teria assim organizado já não é mais totalmente um desconhecido. Ele repete o eleatismo de maneira a mostrar sua finalidade ou, antes, o termo, como discurso de Górgias. Reale se enganava: há ainda uma identidade imaginável para o Anônimo: o Anônimo é um sofista. Isso não significa que o Anônimo seja um sofista – que ele vá de cidade em cidade professar e fazer-se pagar por seu discurso –, mas que ele realiza a virtualidade sofística da doxografia.

Nós não faríamos aqui nada além de acrescentar uma linha a mais à sua própria doxografia, se a suposição não permitisse tanto dar sustentação à análise da crítica que ele acrescenta, a cada vez, à exposição das teses, quanto esclarecer todo um aspecto do discurso doxográfico. O interesse do *De M.X.G.* – por que tanta preocupação com um negócio tão insignificante? – é, portanto, duplo: ao mesmo tempo construção da necessidade teórica de Górgias, se Parmênides, e o pôr-se em ato do discurso doxográfico permitindo essa

---

[42] Ver *Phys.*, A 8.

construção – mas essas hipóteses de trabalho só ganharão todo o seu sentido após a leitura do *Sobre Górgias* e o estudo do discurso sofístico.[43]

Do mesmo modo como Melisso e Xenófanes enfraquecem o ente parmenídico exatamente por pretender garanti-lo melhor, do mesmo modo como o *Tratado* de Górgias, nós o veremos, é essencialmente uma repetição catastrófica do *Poema*, do mesmo modo, é sempre "em conformidade com o que ele próprio diz" – "ele", a ser entendido como o outro, aquele que sustenta a tese, Melisso, Xenófanes ou Górgias –, portanto, por um efeito de repetição, que o Anônimo inaugura a inversão dessas mesmas teses.[44] Trata-se, a cada vez, para ele, de tocar o ponto de apoio da tese que é, ao mesmo tempo, o seu ponto de báscula e de propor assim, como que do interior, sua refutação, de produzir uma autorrefutação. A repetição em aparência puramente repetitiva – "doxográfica" no sentido usual do termo – própria à exposição das teses encontra assim a sua verdade em uma repetição crítica, subversiva, de tipo sofístico.

Um exemplo disso, dentre outros significativos, está, sem dúvida, na crítica de Melisso, na evidenciação de que a unidade característica do "algo" deve necessariamente se desmentir a si mesma. Melisso a concebe como a unicidade de um "todo", não apenas sujeito único, de uma unidade externa, mas ainda mais e sobretudo "homogêneo", de uma unidade interna, perfeitamente idêntica a si mesma apesar de sua ilimitação. Mas o Anônimo mostra que esse um se contradiz cada vez mais intimamente, não podendo não implicar uma pluralidade de partes diferentes umas das outras, e mesmo cada uma diferente de si mesma; de tal modo que

---

[43] *Infra*, p. 87-112.
[44] Cf. em particular *M.*, 10., *2 s.* ; 13., *1* ; 19., *3-5* ; 29., *4 s.* ; 31., *1s.* ; *X.*, 9., *29-32* ; 17., *14 s.* ; *G.*, *14-17* ; 5., 15 s.

o um, para ser verdadeiramente um, deve antes ser pensado como um "conjunto", "um" no sentido de "não-dois", mas compreendendo em si a infinidade das diferenças e figurável fisicamente como uma mistura total de tipo anaxagórico ou empedocliano. Assim, o um eleático deve, para ser o um do qual fala Melisso, ser primeiramente e antes de tudo essencialmente múltiplo.[45]

Essa refutação por repetição parece extremamente característica do tratado. Pois, entre os índices do parentesco entre o doxógrafo e o sofista, há um, de aparência mais arriscada, que é o seguinte: o Anônimo expõe Melisso, depois ele o critica tese após tese e sem nada omitir; ele expõe Xenófanes, depois o critica igualmente. Vem a exposição de Górgias, com sua primeira tese, "nada é", imediatamente criticada ponto por ponto; depois a exposição da segunda e da terceira tese, seguida, dessa vez, de nenhuma crítica. É o discurso de Górgias que conclui, se omitirmos a breve e enigmática última frase.[46] A sua crítica, dir-se-á, terá sido perdida; ou então o Anônimo ter-se-á cansado diante da acumulação de tantos paradoxos. Ou então? Ou então sua voz se confunde efetivamente, no fim das contas, com a de Górgias. As duas últimas teses: "se é, é incognoscível" e "se é e se é cognoscível, é incomunicável a outrem", implicam que, mesmo se pode haver o um para ser, não há nem dois para conhecer nem três para transmitir.[47] Dito de outro modo, nenhuma repetição poderia garantir a menor identidade: a doxografia, que, como seu nome indica, se propõe fixar por escrito as opiniões dos filósofos, aqui Melisso, Xenófanes e Górgias, não pode, por essa duplicação mesma, senão deslocar o objeto e, no lugar de conservá-lo para a posteridade, dissipá-lo sem remédio. O silêncio final

---

[45] Cf. *M.*, 26.
[46] Cf. *G.*, 12 ; e *supra*, p. 39.
[47] Cf. *G.*, 9-11.

do Anônimo seria então o reconhecimento implícito dos efeitos catastróficos de sua prática doxográfica. O *De M.X.G.* reenviaria assim, em sua estrutura de conjunto, à aporia constitutiva da repetição. Melisso, Xenófanes e Górgias repetem Parmênides, o doxógrafo anônimo repete Melisso, Xenófanes e Górgias. É preciso acrescentar, para que a cadeia analógica seja completa, que o editor-intérprete, nós, na ocasião, repete essa repetição anônima, e que, enfim, o leitor, vocês, portanto, têm que repetir essa última repetição, sem que a cadeia, lugar ostentatório da fidelidade, possa jamais produzir outra coisa que não seja uma série de infidelidades.

A repetição mais evidente, repetição-chave para a qual sinaliza o conjunto do tratado, é a que Górgias, assim anunciado por Melisso e Xenófanes, propõe de Parmênides: parece necessário estudá-la primeiramente, para tomá-la como paradigma nessa cadeia analógica e precisar enfim a identidade do Anônimo com a do discurso doxográfico.

O Parmênides de Górgias

1. Um discurso espelho

O título conservado por Sexto Empírico para o *Tratado*[48] de Górgias é provocador: *Sobre a natureza ou sobre o não-ente*. É o título mesmo dado aos escritos de quase todos os filósofos pré-socráticos, dentre os quais Melisso e Xenófanes, que compuseram um tratado *Sobre a natureza*. Mas é também sua exata inversão já que todos os físicos, e dentre todos Parmênides, designam por "natureza", como o sublinha Aristóteles, o que cresce e vem assim à presença: o ente. O discurso de Górgias se apresenta, portanto, ele próprio como um discurso que se opõe aos discursos anteriores, como um antílogo. Crítico ou interpretativo, ele se encarrega de desvelar o verdadeiro objeto do discurso dos outros: falar sobre a natureza não é, como eles creem, falar do ente, mas, antes, tratar do não-ente. Ao mesmo tempo, ele se propõe, por sua vez, esse novo objeto como tema explícito e se distingue assim como prática demolidora, catastrófica.

---

[48] Se "tratado" designa o conjunto do *Sobre Melisso, Xenófanes e Górgias (De M.X.G.)*, nós convencionaremos que *Tratado*, com maiúscula e em itálico, remete a isso que é conhecido como o *Tratado do não-ser* de Górgias.

Essa sugestão maciça (que o *Tratado* de Górgias se possa entender apenas como discurso segundo, fazendo referência a um discurso primeiro que é o *Poema* de Parmênides) ainda deve ser confirmada e articulada. Para fazê-lo, o único método é se engajar na via aberta pela hipótese e propor, simultaneamente, uma leitura tanto do contratexto de Górgias quanto do texto de Parmênides, leitura do texto tal como o contratexto deve tê-la praticado para se escrever como ele se escreveu. O *Tratado* seria assim a imagem no espelho do *Poema*, e essa imagem suficientemente consultada revelaria ao mesmo tempo as dissimetrias, as irregularidades, as singularidades do original, imperceptíveis ao olhar sem mediação, e as leis óticas do próprio espelho, espelho feiticeiro que é a sofística.

"Nada, diz ele, é; aliás, se é, é incognoscível." As duas primeiras teses do *Tratado* se opõem diretamente ao Parmênides escolar, o qual todo mundo, de Platão até nossos dias, teve que reter: primeiramente que há o ser já que "o ser é e o não-ser não é"; em seguida, que esse ser é por essência cognoscível já que "ser e pensar são uma só e mesma coisa";[49] através disso, a filosofia, e mais particularmente essa filosofia primeira que se nomeou metafísica, pode se engajar muito naturalmente em seu caminho: conhecer o ser enquanto ser.

Quanto à terceira tese, "se é e se é incognoscível, não é mostrável a outrem", ela não parece, da mesma maneira, em contradição com Parmênides. Ela se opõe, em um sentido, à revelação pela deusa; mas ela se situa sobretudo em um outro nível, não literal mas "pragmático", remetendo, do ponto de vista do Anônimo, à situação efetiva da transmissão, e em particular à constituição de uma escola eleática na qual Xenófanes e Melisso, assim como Zenão, longe de ter recebido Parmênides de Parmênides, teriam transformado, cada um deles, a palavra do mestre ao ponto de se constituírem mesmo

---

[49] Cf. 28 B 2, 3 e 5 DK; 28 B 3 DK (t. I, p. 231); ver *infra*, p. 74-77.

como precursores de Górgias – e está aí, com efeito, a intuição organizadora do tratado em seu conjunto.[50]

Todavia, a formulação literal e a demonstração precisa das duas primeiras teses obrigam a recolocar em questão o Parmênides escolar: seria aliás espantoso que Parmênides, a menos de 50 anos de distância, fosse já integralmente vulgarizado e platonizado por um outro pré-socrático. Encontramo-nos engajados também em uma leitura original da origem, tal como o Parmênides de Górgias nos faz efetivamente pensar em Parmênides.

2. O movimento tautológico

A deusa nomeia, para quem as portas foram abertas, os dois únicos caminhos que se oferecem à pesquisa:

"Um: que é e que não é possível não ser,
o outro: que não é e que é preciso não ser."

O enunciado da primeira tese de Górgias, na retomada que introduz à sua demonstração, é literalmente idêntico ao nome do segundo caminho: "não é".[51] Não se deve acreditar, por isso, que Górgias, desobedecendo deliberadamente à deusa e ao pai Parmênides, já se engaja de saída no caminho interdito, impraticável e que não vai dar em nada; não há nada aqui de uma contestação tão imediata, primária e, sobretudo, negligenciável já que ela dá do sofista a imagem bem conhecida de um fedelho insolente pronto para dar uma de malandro. Ao contrário, "não é" se apresenta explicitamente como uma consequência e o resultado de uma dupla demonstração. Ora, essas duas demonstrações constituem em si mesmas uma

---

[50] Ver *supra*, p. 38-47.
[51] *G.*, 2., 1 : *hoti men ouk estin*, "que não é", retoma 28 B 2,5 DK: *hè d' hôs ouk estin*: "o outro: que não é". (N.T.: É preciso ter em mente que "que" aqui deve ser entendido como a conjunção de subordinação completiva – "que", em francês – e não o pronome relativo "que" – "qui", em francês.)

interpretação do caminho do "é" tal como ele é traçado no *Poema* e marcam suas etapas.

É, de início, a diferença entre as duas demonstrações propostas que é significativa. A primeira, a que é própria a Górgias, incide sobre o verbo como tal: ela prova que "não é" porque nem "ser" nem "não ser" se sustentam em posição de verbo, porque não há verbo para ser. A segunda, demonstração referencial que opera combinando as teses dos outros eleatas, incide sobre o sujeito: ela prova que "não é" porque nenhum predicado sendo conveniente ao sujeito também não há sujeito para ser. É, portanto, por duas vezes que é preciso concluir "não é": porque não é verdade que haja ser, e porque não é verdade que haja um ente para ser. A duplicação produz uma estrutura de recuo, aliás característica, ao longo de todo o tratado, da maneira de Górgias: não há verbo, e mesmo que houvesse um verbo, esse verbo não teria sujeito. Assim se interpreta – com suas duas negações, como um reforço, incidindo uma sobre o verbo e a outra sobre o sujeito – o enunciado inaugural dessa primeira tese, impossível em virtude das regras gramaticais da dupla negação de traduzir por "nada não é", e que poderíamos traduzir por um "não é (absolutamente) nada".[52]

Se a hipótese texto contra texto é exata, esse encarecimento demonstrativo supõe por si mesmo uma certa compreensão do *Poema*: a ser lido em dois tempos ou três movimentos, tais que, da posição inaugural do verbo "é" advém, por meio de uma predicação efetiva, a posição segunda do sujeito "o ente".

De resto, o anúncio feito pelo Anônimo da demonstração própria a Górgias para a primeira tese é também ela reveladora de uma leitura do mesmo tipo. Ela se sustenta em uma frase: "não é (possível) nem ser nem não ser".[53] O

---

[52] G., 1., 1 : *ouk einai... ouden.*
[53] G., 2., *19 s.*

parêntese está aí para servir de álibi, isto é, conferir à frase um alhures, uma ubiquidade, o equívoco característico do estilo grego. Pois o grego quer dizer ao mesmo tempo: "nem ser nem não ser são", "não é possível nem ser nem não ser", "não é nem ser nem não ser". E a própria demonstração prova que nenhum desses sentidos deve ser excluído, mas que, ao contrário, eles decorrem um do outro de maneira regrada: se os dois verbos "ser" e "não ser" não são, eles não podem nem um nem o outro servir efetivamente de verbo e, portanto, "não é possível nem ser nem não ser"; nesse caso, qualquer que seja o sujeito que se queira supor, nem ser nem não ser serão seus predicados, de tal modo que "não é nem ser nem não ser".

Esse enunciado único leva a explorar a pretensa tautologia parmenídica, "o ser é", para ler aí não a fixidez da identidade estéril de um "é" imposto para sempre, anti-heraclitismo caricatural, mas o automovimento de algum modo mais hegeliano de uma identidade viva que se desenvolve na língua e produz sua lógica como sintaxe predicativa.

Resta experimentar diretamente essa leitura-espelho, sua possibilidade e seu interesse, no contato com o texto do *Poema*.

3. Etapas sobre o caminho do "é"

A literalidade do resumo sofístico dessa primeira demonstração toma como modelo duas passagens precisas do *Poema*: a explicitação do primeiro caminho, no fragmento 2, e sua retomada no fragmento 6. "Não é (possível) nem ser nem não ser" decalca: "não é (possível) não ser", e, salvo pela negação: "pois é ser".[54] Mas, desde que nos fiemos às traduções usuais que um leitor em francês tem razoavelmente em

---

[54] Seja: *ouk estin einai mè einai* (G., 2., 14 s.), *ouk esti mè einai* (Parmênides, 28 B 2,3 DK) e *esti gar einai* (Parmênides, 28 B 6, 1 DK).

mãos,[55] é impossível interpretar Parmênides como o contratexto de Górgias o sugere, e a ideia de um desdobramento progressivo da sintaxe é absolutamente inconcebível. Uma tradução difundida nas livrarias traduz assim as palavras da deusa nomeando as "duas vias": "A primeira diz que o Ser é e que não é possível que não seja... A outra é: o Ser não é e necessariamente o Não-Ser é".[56]

"O Ser", infinitivo substantivado e mesmo modificado por uma maiúscula, nome próprio, portanto, é, de saída, sujeito do verbo "é" ou do verbo "não é", assim como "o Não-Ser". É inimaginável, a partir daí, que a aparição do sujeito possa constituir uma etapa distinta da posição do verbo.

As outras traduções francesas,[57] mais atentas ou mais literais, têm em comum o fato de traduzir as palavras do caminho por impessoais: "é", "não é", a ser entendido como um "Há ser", "Não há ser". Mas esse sujeito aparente[58] já é sem

---

[55] Barbara Cassin faz referência, nas passagens a seguir, às traduções do *Poema* de Parmênides que existiam na França no momento em que escreve *Si Parménide*. Para que o leitor brasileiro não leitor em francês possa minimamente acompanhar a discussão teremos que "traduzir a tradução" desses tradutores, mesmo que com perdas impossíveis de serem evitadas. (N.T.)

[56] Jean Voilquin, *Les Penseurs grecs avant Socrate*, Paris, 1964, p. 94. Essa tradução se autoriza de uma parte da tradição alemã que subentende, ao menos quanto ao sentido, um sujeito (*dass das Seiende ist*, "que o ente é": Diels, Zeller-Nestle, Reinhardt; *das Sein ist*, "o ser é": Deichgräber; ou ainda *dass (etwas) ist*, "que (algo) é": Hölscher).

[57] "Uma afirma: é e é impossível que não seja... A outra afirma: não é e é necessário que não seja" (Yves Battistini, *Trois Présocratiques*, Paris, 1968, p. 112); "o primeiro dos caminhos mostra que *é* sem que nenhum interdito possa incidir sobre ser... Quanto ao outro, a saber, que *não é* e mesmo que devidamente reina sobre o ser o interdito" (Jean Beaufret, *Dialogue avec Heidegger*, Paris, 1973, t. I, p. 58); "uma que: é, e não ser é impossível... A outra que: não é, e não ser é necessário" (Clémence Ramnoux, *Parménide et ses successeurs immédiats*, Paris, 1979, p. 110).

[58] Barbara Cassin se refere aqui ao fato de que em francês não é possível haver verbos sem sujeito. Por isso, no caso de "é", em francês não se

dúvida demais, ele antecipa o lugar de um sujeito, lugar que será aberto somente na sequência, e faz o ser de algum modo já se redobrar em uma apresentação de si mesmo.

Retomemos, antes, o texto grego desses versos para analisá-lo de modo escolar a fim de justificar nossas traduções anteriores, e de modo que aquele que não sabe grego possa, no entanto, aí se localizar:

B 2,3:

Hè (ἡ)	artigo definido, nominativo feminino singular: "a"	o grupo retoma, para desenvolvê-lo, o feminino *hodos* (ὁδός), "estrada", "caminho", "via" do verso precedente: "uma (das vias)"
men (μὲν)	partícula adversativa: "por um lado"	
hopôs (ὅπως)	conjunção de subordinação, completiva de um verbo significando "dizer", em elipse: "que"	
estin (ἔστιν)	terceira pessoa do singular do indicativo presente do verbo "ser": "é"	
te (τε) *kai* (καί)	grupo formando uma estreita conjunção de coordenação, a primeira incidindo sobre o primeiro membro e a segunda, sobre o segundo: "e... e", "e (também)"	
hôs (ὡς)	conjunção de subordinação, completiva como ὅπως: "que"	
ouk (οὐκ)	advérbio de negação, modificando o verbo que segue: "não"	
esti (ἔστι)	terceira pessoa do singular do indicativo presente do verbo "ser": "é"; colocado como aqui, no início da proposição e seguido de um infinitivo, acontece, e é mesmo de regra, que *esti* signifique: "é possível"	

pode dizer simplesmente "*est*", diz-se "*Il est*". É a este "*il*" que ela se refere quando fala de um "sujeito aparente" que já é sem dúvida demais precisamente porque em grego o verbo "*estín*" aparece sem sujeito no texto de Parmênides. (N.T.)

mè (μὴ)	advérbio de negação, modificando o verbo que segue e conotando, diferentemente de *ouk*, uma modalidade: "não"
einai (εἶναι)	infinitivo presente do verbo ser: "ser" pode ser tanto completivo de *ouk esti*, que ganha então seu sentido de: "não é possível", quanto sujeito de *ouk esti*, que significaria, nesse caso, simplesmente "não é"

"Uma: que é e que não é (possível) não ser."

B 2,5

hè (ἡ)	artigo definido nominativo feminino singular: "a"	"a outra (das vias)"
de (δὲ)	partícula adversativa simétrica de *men*: "por outro lado"	
hôs (ὡς)	"que"	
ouk (οὐκ)	"não"	
estin (ἔστιν)	"é"	
te (τε) *kai* (καί)	"e (também)"	
hôs (ὡς)	"que"	
khreôn (χρεών)	nominativo singular do substantivo neutro *to khreôn*, "o que é preciso, o necessário"; forma com *esti*, "é", uma locução impessoal	"é preciso", "é necessário"
esti (ἐστι)	"é"	
mè (μὴ)	"não"	
einai (εἶναι)	infinitivo completivo de *khreôn esti*, "é preciso": "ser"	

"A outra: que não é e que é preciso não ser."

Se a literatura não implica a fidelidade, é no entanto provável que uma certa ausência de literalidade faça obstáculo a toda fidelidade – não essa ausência de literalidade escolhida, que tem valor de interpretação e questiona o leitor, mas aquela que encobre por inadvertência ou por facilidade, e de maneira definitiva, a singularidade regrada da expressão. Na tradução de Voilquin, a posição do substantivo "o Ser", como sujeito de "é" e de "não é", e a do substantivo "o Não-Ser" são injustificáveis, nem literais e ainda menos fiéis. Pois há dois caminhos, um que "é", o outro que "não é", tal é o engajamento solene da deusa, ponto de partida do *Poema*: ouve-se de início e somente o verbo sem nenhuma substantivação, nenhuma nominalização de nenhum tipo, em toda a sua força de verbo conjugado.

Depois a afirmação se explicita e se sustenta com uma dupla negação ou impossibilidade do contrário: "é", isto é, "não é não ser".[59] O verbo se duplica aí, adquirindo através disso uma força modal ("não é possível não ser"), e torna-se, sob a forma infinitiva, para si mesmo seu próprio sujeito.

A fórmula de Górgias, "não é nem ser nem não ser", convida a ler da mesma maneira o início do fragmento 6, no qual o infinitivo "ser" é, segundo a mesma estrutura mas sem negação dessa vez, sujeito do indicativo "é": "pois é ser"; a afirmação sai, por sua vez, reforçada por essa duplicação: "é ser", "é ser que é".

Em conformidade com o esquema lógico legível no tratado, esse redobramento, essa duplicação do indicativo em infinitivo parece marcar no *Poema* uma segunda etapa sobre o caminho do "é".

Para apreendê-la com precisão, é preciso rastejar de novo sobre a frase, lentamente, e analisar bem de perto o início desse fragmento:

---

[59] Sobre o destino dado por Górgias a esta dupla negação, ver *infra*, p. 71-74.

B 6,1

khrè (χρὴ)	verbo impessoal, constrói-se com o infinitivo: "é preciso", "é necessário que"
to (τὸ)	artigo definido, nominativo-vocativo-acusativo neutro singular: "o"; tem na língua arcaica um sentido forte, muito próximo do demonstrativo: "este", "isto"
legein (λέγειν)	infinitivo presente ativo de *legô*, "eu digo": "dizer"
te (τε)	conjunção de coordenação incidindo sobre o que precede; ela está ligada ao segundo *t'* e serve, com ele, para coordenar os dois infinitivos *legein*, "dizer", e *noein*, "pensar": "e"
noein (νοεῖν)	infinitivo presente ativo de *noeô*, "eu penso": "pensar"
t' (τ')	conjunção de coordenação incidindo sobre o que precede, ligada ao primeiro *te*, "e": "e"
eon (ἐὸν)	primeira ocorrência, em sua forma positiva, do nominativo-vocativo-acusativo neutro singular do particípio presente do verbo ser: "ente"
emmenai (ἔμμεναι)	forma épica do infinitivo presente do verbo ser: "ser"

É o artigo *to*, "o", "este", "isto", que é o ponto difícil. Ele serve, segundo as análises, principalmente para substantivar o grupo dos dois primeiros infinitivos: "é preciso que o fato de dizer e de pensar seja ente" (Karsten, Diels em seu *Parmenides*, Verdenius), ou ainda: "que o fato de dizer e de pensar o ente seja" (Fränkel, Untersteiner); ou então para anunciar a proposição infinitiva final: "é preciso dizer e pensar isto: que o ente é" (Diels posteriormente, Calogero, Hölscher). Heidegger, observando que a ausência do artigo diante de *eon*, "ente", aumenta ainda mais a estranheza,[60] escolhe sem

---

[60] *Qu'appelle-t-on penser?*, traduction A. Becker et G. Granel. Paris, 1967, p. 198 (*Wass heisst Denken ?*, 3. éd. Tübingen, 1971, p. 130).

dúvida essa última análise para articular a fala de Parmênides de maneira quase paratática: "Necessário: assim o dizer, igualmente o pensamento: ente: ser",[61] e meditar até o fundo o seu sentido: "É de uso: o deixar ser posto-diante, (o) tomar cuidado também: o ente sendo".[62] Mas a leitura proposta por Górgias não se move nesse horizonte; mesmo que deixando em reserva a questão de saber se ele não leva em conta, à sua maneira, algo como a diferença ontológica, é certo, em todo caso, que sua escuta e sua contrafação do *Poema* se fundam nas aberturas surpreendentes do jogo sintático, muito mais do que no abismo do sentido.

Jean Bollack e Heinz Wismann propuseram recentemente uma outra análise da frase em questão, a única que parece integralmente atenta à singularidade especificamente sintática do enunciado: dar ao artigo seu sentido pleno de demonstrativo e construí-lo como sujeito proléptico da proposição infinitiva *eon emmenai*; o particípio é, então, atributo do sujeito: "é preciso dizer e pensar que isto é ente".[63] Seguindo essa análise, é nesse ponto do poema, após, portanto, o enunciado *tout court* do verbo "é", que a predicação "é ente" se constitui explicitamente, enquanto o lugar do sujeito se encontra designado pelo dêitico.

Como dar conta dessa segunda etapa? A sequência do verso se apresenta como sua explicação: a predicação "é ente", isto é, a aparição do particípio positivo em posição de atributo, resulta já de uma duplicação, anteriormente

---

[61] *Ibidem*, p. 172 (p. 111).
[62] *Ibidem*, p. 206 (p. 136).
[63] Esta análise foi proposta em Lille na ocasião de um seminário de 3º ciclo consagrado aos fragmentos de Parmênides em 1971/1972. Se as análises do "Parmênides de Górgias" e desse *Parmênides* não coincidem em todos os pontos, é notável que em duas abordagens tão diferentes se imponha uma mesma estrutura de conjunto para o *Poema*.

observada: a do primeiro indicativo, "é", pelo infinitivo "ser" em posição de sujeito:

esti (ἔστι)   terceira pessoa do singular do indicativo presente do verbo ser: "é"

gar (γὰρ)   partícula de sentido causal: "pois"

einai (εἶναι)   infinitivo presente do verbo ser[64]: "ser"

"Pois é ser" quer dizer: porque o verbo do caminho "é" não tem outro sujeito possível que não seja ele mesmo, ele se desdobra, ele se segrega a si mesmo como sujeito, "o que é, é ser". Quanto ao verbo do outro caminho, "não é", ele não tem nenhuma possibilidade de desdobramento, ele não pode se dar nenhum sujeito, ele (não) tem nada (*mèden*) como sujeito: "pois (é) ser (que) é, e nada (que) não é". Trata-se então do autodesdobramento do primeiro "é": de início, palavra única, como verbo se conjugando, e depois, para respeitar o encadeamento indicado pela coordenação, infinitivo sujeito de si mesmo, e imediatamente particípio atributo designando o lugar do sujeito.

É então, e somente então, que se pode constituir em um terceiro momento o sujeito para sempre definitivo do primeiro "é": "o ente", *to eon*; a sequência – artigo, marca da função sujeito e particípio, dizendo o predicado essencial – só aparece no meio do fragmento 8, 2: o sujeito da proposição

---

[64] Também aqui, as traduções propostas são muito diversas ("puisqu'il est l'Être" ["já que há o Ser"], Voilquin; "car il peut être" ["pois ele pode ser"], Battistini; "Il est en vérité être" ["Há em verdade ser"], Beaufret; "car de l'être, oui, il y en a" ["pois o ser, sim, há"], Ramnoux), remetendo a uma análise e a um horizonte diferentes. A que nós propomos faz de *einai*, "ser", não um atributo mas o sujeito de *esti*, "é": a ausência de artigo, que interdita ler aí um equivalente de *to eon*, "o ente" (Karsten, Diels, Calogero, Fränkel, Verdenius, Tarán), modela a frase com o molde negativo: *ouk esti mè einai*, "não é não ser" (B 2,3), como o sugere justamente Górgias.

de identidade "o ente é ente" é a fase última do "é" e se segue da predicação.

A etapa da predicação é ela própria complexa. Para que o sujeito ganhe sua plenitude de sujeito, é preciso produzir o sentido de seu predicado próprio: "ente". Essa explicitação tem lugar ao longo de todo o fragmento 8, que propõe um conjunto de predicados diferenciados ("ingênito e imperecível", "único", "imóvel") por meio de "signos", isto é, através de raciocínios mostrando a cada vez a impossibilidade do predicado contrário. É com a interdição da ilimitação, pelas palavras mesmas que descrevem Ulisses preso a seu mastro para passar além das sereias, mantido "pela Necessidade potente nos liames do limite",[65] que se encontra realizada a identidade de: "o ente". Essa identidade é enfim adequadamente representada pela esfera, totalidade fechada integralmente definida por um desdobramento centrífugo e centrípeto.

Tendo partido da demonstração própria a Górgias para sua primeira tese, eis-nos aqui conduzidos pelo *Poema* à segunda demonstração, a que procede da impossibilidade da atribuição à inexistência do sujeito. Górgias, como Parmênides, demonstra a impossibilidade da série de predicados "engendrado", "múltiplo", "móvel"; mas ele utiliza, além disso, as teses da escola eleática para demonstrar igualmente a impossibilidade da série contrária, "ingênito" e "um".[66] O sujeito, cujo lugar é marcado por um "algo", um "isto" (*ti*), na hipotética "se algo é", correspondendo ao artigo isolado do *Poema* (*to*), não pode então, na falta de qualquer predicado, adquirir a menor consistência, a menor identidade, e no lugar de se deixar dizer como "o ente", ao contrário, se nadifica: já que "não é nada", é que "nada é".

---

[65] B 8, 30 s. DK; cf. *Odisseia*, 12, 160 s.
[66] *G.*, 2. ; 6.-8.

Uma primeira certeza é assim adquirida: o *Poema* de Parmênides se deixa tranquilamente ler através do *Tratado* de Górgias, como caminho do "é" se desdobrando em predicados para se realizar como sujeito, assim como, de modo especular, Górgias produz o "não é" a partir da impossibilidade de sustentar o "é" primeiro como verbo, depois, pela falta de predicação, como sujeito. Essa leitura se sustenta, ao menos, por uma análise rigorosa, muitas vezes muito mais rigorosa que aquelas em curso, das singularidades do texto parmenídico.

4. Se Parmênides, então Górgias

Mas o *Tratado* não é simplesmente o antílogo do *Poema*: ele se apresenta também como sua consequência. Se acreditamos em Górgias, é o *Poema* ele mesmo que produz necessariamente sua própria inversão, ou ainda: Górgias só contradiz Parmênides por fidelidade.

As duas demonstrações da primeira tese são a ilustração disso, cada uma à sua maneira. Quanto à demonstração referencial, isso é imediatamente evidente. Pois ela, para provar a impossibilidade do sujeito, só se refere aos fiéis de Parmênides, aos seus companheiros, a seus filhos: "que não é nem um nem coisas múltiplas, nem ingênito nem engendrado", Górgias, com efeito, o mostra "em parte seguindo Melisso e em parte seguindo Zenão"[67] e produz, através disso, com seus enunciados em nem... nem, "nem ingênito nem engendrado", "nem uno nem múltiplo", a forma aberrante característica dos enunciados xenofanianos sobre o deus.[68] Górgias, aliás, não opõe Melisso a Zenão, como se um demonstrasse a impossibilidade de um predicado e o outro a impossibilidade do predicado contrário, mas ele os utiliza, os dois, para provar

---

[67] *G.*, 2., *14-18.*
[68] *X.*, 5. E 6. ; *supra*, p. 44.

uma mesma impossibilidade; mais precisamente, são as heterodoxias maiores, ou o aporte próprio, como preferimos, de cada discípulo à teoria do mestre que ele articula para produzir conclusões antiparmenídicas: ele se serve da ilimitação do algo melissiano, por oposição à limitação da esfera, e da divisibilidade do lugar ou do um em Zenão, por sua diferença com o um-todo de Parmênides. Nos dois casos, os filhos que buscavam salvar "o ente" dos riscos que uma representação espacial lhe faz correr só teriam trabalhado para melhor nadificá-lo.

A demonstração referencial reproduz assim, numa escala menor, a estrutura de conjunto do tratado, que organiza, *via* Melisso e Xenófanes, a transformação do ente parmenídico em "nada" sofístico.[69] Górgias, por sua vez, após Melisso, Zenão e Xenófanes, não faz senão cumprir sua filiação, e manifesta claramente, através dessa nadificação explícita, seu pertencimento à Escola. Ao mesmo tempo, encontra-se *de facto* provada sua terceira tese, "aliás, se é e se é cognoscível, não é mostrável aos outros":[70] toda transmissão é impossível, já que a pura repetição de um absolutamente idêntico é ela mesma impossível. Toda tentativa desse gênero, toda palavra escolar, portanto, é essencialmente perversa, pervertendo e invertendo a origem.

A primeira demonstração o faz ouvir não mais do exterior, do ponto de vista do eleatismo, mas do interior, a partir do próprio *Poema*. Ela torna manifesta tanto a necessidade de sustentar a tese parmenídica proposta por Górgias, quanto sua efetividade destrutiva.

A deusa revelava duas vias, uma que "é", a outra que "não é", e ordenava solenemente nunca se engajar na segunda. Só que é preciso, para lhe obedecer, poder distingui-las,

[69] Ver *supra*, p. 38-47.
[70] G., 1., *2-4* ; 10. e 11.

identificá-las,[71] na falta do que, o risco é grande de tomar uma pela outra e, por ter criado assim o impasse, de se pôr em marcha no caminho que não é um.

Górgias, portanto, se dedica a identificar o "não é" para reconhecê-lo por meio de uma marca segura e diferenciá-lo do "é". É importante que o "não é" seja de fato um "não é". O ponto de partida mínimo de um engajamento filosófico sagaz ou crítico no sentido próprio é portanto a proposição de identidade: "o não ser é não ser".[72] É preciso observar de novo que Górgias não se aventura assim de modo algum no caminho interdito uma vez que ele não afirma que o "não é" é, mas pretende apenas não se deixar implicar nele. Ora, o que se segue dessa simples proposição, exigência e requisito insuperáveis no entanto, é definitivamente perturbador. Pois tudo se passa como se, tão logo identificado, o verbo, qualquer que ele seja, desdobrasse sua esfera de identidade no interior do discurso e, por essa aplicação predicativa dele mesmo a si mesmo, não pudesse não se produzir como sujeito. Desde que é detonado, nada pode parar o processo da identidade: ele se desenrola de maneira implacável conforme a descrição mesma que Parmênides – o Parmênides de Górgias – fornece dele, de tal modo que o verbo "não é", assim como o "é" do *Poema*, advém como sujeito: o "não-ente", assim como "o ente". Mas se produz então o contrário do que era visado: o não-ente, que é não ente, portanto, assim como o ente é ente, "é", assim, da mesma maneira que o ente. É, desde então, impossível, simplesmente ao se enunciar o verbo "é", saber se seu sujeito, o que é – as coisas que são – "é" como "é" o não-ente ou como "é" o ente, se ele é antes não-ente que ente: impossível, portanto,

---

[71] "Aqueles que insistem na diferença entre o ser e o nada fariam bem em nos *dizer* em que ela consiste", Hegel, *Science de la logique*, trad. S. Jankélévitch, t. I, p. 84 (Theorie Werkausgabe, Francfort, 1969, v. 5, t. 1, p. 95) [somos nós que sublinhamos].

[72] *G.*, 3., 1.

saber se o caminho sobre o qual nos encontramos engajados é efetivamente aquele do "é" ou aquele do "não é". Assim, é o movimento mesmo de diferenciação entre "não é" e "é", o dizer da identidade do "não é", que produz a indistinção, e a identificação joga nos dois sentidos, não chegando a discernir senão para melhor confundir.

Górgias até aqui é sempre obediente, talvez excessivamente, à deusa e a Parmênides: ele não infringe de modo algum o imperativo do primeiro caminho, "que não é (possível) não ser", característico do "é", já que ele busca simplesmente distingui-lo do "não ser". Mas esse zelo pela origem não conduz senão a impedir o seu funcionamento. Não resta ao sofista senão uma última possibilidade de servi-la ainda: lhe desobedecer, tentar trabalhar para ela apesar dela.

É então que Górgias tem que se engajar sobre a via interdita: "se o não ser é".[73] "Não é" torna-se a palavra do caminho, o único verbo possível, e é necessário dizer que "é" ele-mesmo "não é". Mas se "é" não é, também não pode haver sujeito, ente, para ser, e portanto "nada é". Se, para que "é" seja, nós o supomos, em desespero de causa, idêntico a "não é", todo sujeito de um é indiferentemente sujeito do outro, e o sujeito de "é", o ente, é ao mesmo tempo sujeito de "não é", confundido com o não-ente: o sujeito de "é" não é um sujeito, "ele não é nada" e de novo "nada é". Assim, a indiscernibilidade entre "é" e "não é" não faz ganhar nada sobre o caminho do "não é". Mas para se engajar no caminho do "é", lá onde a ausência de diferenciação parece ser inoperante, é preciso poder, inicialmente, reconhecer o bom caminho, portanto, diferenciá-lo do "não é"; e partir de novo para uma nova volta: "se o não ser é um não ser".

Desobedecer não basta, não muda mesmo nada. É impossível sustentar uma identidade distinta para "é" e "não é",

[73] *G.*, 3., 6.

e é nesse sentido que "nem ser nem não ser não são". Com efeito, toda identificação do "não é", necessária para distinguir o "é", abole a diferença entre os verbos como entre os sujeitos. Desde que se tente garantir a distinção das duas vias, elas se confundem. Górgias demonstra, portanto, que o "é" da origem e seu desdobramento em esfera da identidade só se efetuam a partir de um equívoco insuperável entre "é" e "não é". A origem só é origem porque ela se excetua da exigência de identidade que ela constrói, e que não cessa de se deduzir dela, como regra universal de todo discurso posterior, como princípio de identidade. O primeiro efeito do *Tratado* é, assim, tornar manifesta a originalidade da origem: violação da lei que ela produz, e só produz, por meio dessa violação mesma. "Se Parmênides, então Górgias" significa que, ao tomar ao pé da letra o imperativo do *Poema*, ao aplicar Parmênides a Parmênides, é o *Tratado* que se escreve: pois o *Tratado* não faz senão repetir o *Poema*, mas de maneira tal que a exigência de identidade, o princípio universal, seja nele efetivamente respeitada. O *Tratado* é a escrita da falta constitutiva da origem, o que quer dizer que o *Poema* não é, por sua vez, senão a falha do *Tratado*, falha equívoca já que ela repousa em uma distinção não sustentável, insustentável, entre "é" e "não é".

O discurso sofístico, que sustenta esse insustentável, produz assim a origem como "sofisma", no sentido mais banal do termo: como dissimulação e exploração de um equívoco, análogo àquele pelo qual o doxógrafo recriminará Górgias.[74] O *Tratado*, que só pode se escrever após a origem e para estabelecê-la, aparece no entanto como fundamento, requisito, condição de possibilidade, origem dessa origem, como arquiorigem, fundo sobre o qual a origem se destaca como golpe sofístico necessário a essa sequência que é a ontologia.

[74] Ver *G.*, 4., e *infra*, p. 89.

Assim, invertem-se os papéis, um se apresentando como origem do outro, e apresentando o outro como sofisma.

5. O lugar da ontologia

O parentesco entre *Tratado* e *Poema* é ainda mais profundo: ambos sustentam uma mesma relação com o dizer. Nem um nem o outro se servem da linguagem como meio para descrever um objeto exterior ou preexistente, mas são, os dois, prestações, efetuações cuja consistência diz respeito ao próprio dizer, são, em sentido próprio, "poemas". O *Poema* de Parmênides, é essa a sua falha original, não identifica as duas vias e não demonstra a diferença entre elas, mas designa-a, mostra-a, como o produto da esfera do ser, simplesmente pelo fato de nomeá-las, dizendo-as, deixando-as se dizer. O *Tratado*, da mesma forma e em sentido inverso, produz a aporia da identificação simplesmente pelo fato de deixar a identidade se dizer: como o "é", o "não ser é não ser" obedece às suas próprias leis e produz seus próprios efeitos. Parmênides e Górgias são assim dois nomes possíveis para a autonomia do dizer. Tanto um como o outro não se resumem, só podemos dizê-los de cor ou redizê-los palavra por palavra, e, como escreve no fim das contas o Anônimo: "Eis aí seu próprio discurso"[75] – entendamo-lo bem: se a origem é um sofisma, é que todo sofisma é um poema.

Para além desse parentesco, a diferença entre os dois dizeres, palavra do *Poema* e discurso do sofista, encontra-se, todavia, fixada pelo próprio *Tratado*. Ele apresenta, com efeito, o *Poema* e a ontologia inteira como um caso particular, uma possibilidade entre outras possibilidades por ele abertas.

A aporia constitutiva da origem, desdobrada no *Tratado*, mostra que o "é" do *Poema* é um simples efeito do dizer: repousando em uma identificação impossível, o "é" não pode ser

---

[75] *G.*, 3., *16*.

objeto de uma demonstração, mas somente de uma afirmação, de uma prática; a única demonstração possível, precisamente aquela que Górgias tenta para Parmênides, acaba em uma conclusão catastrófica em "não é", "não é nada", "nada é": "não é (possível) nem ser nem não ser". Se "ontologia" nomeia o engajamento na via do "é", forçosamente devemos levar a sério a designação inteira dessa via pelo próprio Parmênides: "que é e (no sentido de "isto é", "ao mesmo tempo") que não é (possível) não ser".[76] O "é" aparentemente primeiro aparece aí como o equivalente, até mesmo o resultado, de uma negação anterior e precisamente de uma negação de negação: "não é não ser". Ora, tal é exatamente o lugar que lhe concede Górgias. Nada, com efeito, autoriza recusar sua primeira tese "nada é"; nada senão uma decisão logicamente insustentável que coloca sua negação como nova premissa, relance do *Tratado*. O caráter hipotético da segunda tese, "aliás, se é, é incognoscível", manifesta que a afirmação do "é" não é nada além da negação simplesmente posta dessa negação original e rigorosa que é o "não é". Também a sucessão das duas primeiras teses tem por primeiro efeito fazer ler a afirmação ontológica como negação da negação.

O sentido do "é" se encontra, ao mesmo tempo, radicalmente transformado. A demonstração da segunda tese começa por uma retomada que sempre pareceu enigmática: "se portanto nada (não é), as demonstrações dizem tudo sem exceção".[77] Ela caracteriza, no entanto, até em sua essência, o discurso sofístico; na medida em que "não é", as demonstrações podem tudo dizer já que nenhuma conformidade, de nenhum tipo, nenhuma correspondência, nenhuma adequação é nem exigível nem apenas possível; a única lei é aquela do próprio discurso em sua discursividade, sua demonstratividade próprias,

---

[76] 28 B 2, 3 DK; *supra*, p. 59 s.
[77] G., 9., *1 s.*

em seu poder dizer: o discurso é todo potente em um mundo ontologicamente inexistente, ele é ele mesmo toda a realidade possível. Sobre o fundo do "nada", a afirmação do "é" ganha um sentido completamente outro: não epifania originária da presença, mas, antes, "menos que nada", efeito evanescente de uma simples consistência discursiva. Não há outro ser senão fictício, e "ser" quer dizer: ser "efeito de dizer"; ou ainda: discursar é a única prática ontológica possível.

A partir daí, o *Poema* de Parmênides é primeiramente um discurso entre outros: toda a validade do seu "é" se prende à sua simples enunciação e a seu desdobramento discursivo em esfera de identidade. Pois, se "nada", um discurso produtor de "é" é sustentável tanto quanto, mas não mais que um discurso produtor de "não é", sobre o fundo do qual, de novo, o discurso ontológico se sustentará ainda ou também.

No entanto, e está aí a sua originalidade, uma vez proferido, o discurso ontológico não é mais um discurso entre outros, ele pretende ao contrário ser o único possível: já que o ser é e que o não-ser não é, a via do ser na qual ele se engaja e engaja é a única praticável, à exclusão de qualquer outra. Essa afirmação de exclusividade é efetivamente impossível de evitar pois é um fato de estrutura do próprio discurso: o *Poema* de Parmênides, como vimos, desdobra com a esfera do "é" a diferenciação verbo-predicados-sujeito que produz a proposição idêntica; ele produz, discorrendo a discursividade mesma do discurso, em que reside, sobre o fundo do "nada" e na interpretação que a sofística propõe da ontologia, toda a consistência e também toda a validade do "é". A ontologia é assim, ao mesmo tempo, a partir da sofística, um discurso entre outros, nem mais nem menos verdadeiro que um outro, e um discurso fundamental já que ela fabrica o único "é" efetivamente possível, o "é" discursivo. Ora, na exata medida em que o "é" discursivo se tornou o único "é" possível, ele não se distingue mais do "é" ontológico e justifica sua pretensão tirânica.

Seja, portanto, o *Poema* de Parmênides e, com ele, a ontologia. O *Tratado* sofístico repete a ontologia para torná-la consistente consigo mesma e se apresenta, *a posteriori*, como sua arquiorigem. Essa arquiorigem é uma refutação da origem uma vez que ela só produz um "não é" no lugar do "é" esperado: a origem não será então senão a sua falha sofística. A ontologia se encontra aqui deslocada: ela não é mais que um discurso entre outros sobre o fundo desse "não é" anterior, enquanto o "é" muda de sentido: não mais subsistência do pensamento, mas consistência do dizer. Através disso, a ontologia recupera sua posição de origem, designando o "é" como única via possível e ela mesma como discurso fundando o discurso. A repetição sofística, no fim das contas, produziu apenas o hiato de um "como": pois tudo é simplesmente "como" antes.

6. Se Parmênides, então Górgias. Tudo, salvo Górgias, diz Górgias. Portanto, não Parmênides. Então Górgias.

Com a segunda tese: "se é, é incognoscível", Górgias desdobra as consequências da origem, mostrando que elas encontram um lugar-comum sofístico insustentável. Assim, não apenas a origem é essencialmente sofística, mas a via que ela abre é ainda sofística, ao ponto de a ontologia inteira ser sofisma.

O segundo ponto de ancoragem nessa leitura que Górgias propõe de Parmênides remete ao fragmento 3: *to gar auto noein te kai einai*.[78] A análise que parece a mais segura feita de *to auto*, "o mesmo", o sujeito, e dos dois infinitivos, *noein* e *einai*, "pensar" e "ser", os atributos: "pois o mesmo é tanto pensar quanto ser". Aliás, qualquer que seja a interpretação que se proponha do fragmento, a de Górgias é

---

[78] 28 B 3 DK (t. I, p. 231).

clara: ele transcreve a força dessa asserção de identidade por um imperativo de substituabilidade: "é preciso que o que é pensado seja e que o não-ente, se ao menos ele não é, também não seja pensado".[79] A identidade assim entendida não sinaliza, como na interpretação que dela propõe Heidegger, para um copertencimento do ser e do pensar em um desvelamento mútuo originário e um comum ordenamento no seio da presença. Ela se deixa, antes, representar como a igualdade de dois conjuntos, o do pensar e o do ser, tais que todo elemento de um – tudo o que é pensado – seja ao mesmo tempo elemento do outro – tudo o que é.

De tal modo que o pensamento pode servir de critério do ser: basta que algo seja pensado para que isso seja. Se, por sua vez, o dizer é um critério suficiente do pensar, basta que algo seja proferido para ser pensado, e portanto para ser.[80] Essa série de equivalências tem por consequência imediata a confusão entre dizer e ser: tudo o que é dito, mesmo se é evidentemente um erro, uma mentira ou uma ficção poética, como esses "carros que correm sobre o mar", tudo o que é dito será. O copertencimento parmenídico do ser e do pensar é apresentado portanto como a origem e a garantia da tese sofística bem conhecida: que não pode haver falsidade;[81] além disso, ela permite melhor fundar, "ontologizar", essa tese mesma: não é que o falso não seja falso, mas, muito simplesmente, que, falso ou não, ele "é". A questão do falso não se põe, tampouco, aliás, quanto a do verdadeiro, uma vez que os planos pensar/dizer por um lado, e ser, por outro lado, são confundidos, já que a possibilidade de toda (in)adequação é através disso suprimida.

---

[79] *G.*, 9., *2-5*.
[80] Sobre esse sentido de "pensar" (*phroneisthai*), que se traduziu por "representar", cf. *G.*, 9.
[81] Cf. *G.*, 9.

"Se Parmênides, então Górgias" deve ser entendido agora: ao se ler, como Górgias, a tese ontológica da identidade entre ser e pensar, é, para retomar um termo de Novalis, a "logologia" sofística e não a ontologia que se encontra efetivamente produzida. Essa leitura de Parmênides, com a equivalência entre pensar e dizer, só pode, é claro, ter lugar sobre o fundo do "nada" demonstrado pela primeira tese, ou ainda, ela supõe já algo como essa logologia. Mas ela apresenta ao mesmo tempo essa logologia como a consequência e mesmo como a visada profunda, a boa interpretação, da ontologia: se o pensamento é o critério do ser, é também pelo fato de que o ser e o pensar se entrepertencem no dizer, de que o *logos* é o lugar da identidade deles. E é preciso reconhecer que essa interpretação do *logos* soa mais "parmenídica" que aquela à qual Aristóteles será constrangido, justificando que Heráclito possa sustentar a contradição do "é" e do "não é", com um: "pois tudo o que se diz, não se é obrigado a pensá-lo".[82]

"Então Górgias": é um único e mesmo Parmênides, *recto et verso* do mesmo texto, que propõe a soberania do *logos* e a realidade de carros que correm sobre o mar; se eu digo "carros correm sobre o mar", então carros correm sobre o mar. E Górgias não contribui em nada para isso: é Parmênides o pai do sofisma; Górgias, de novo, não fez senão ler, repetir, obedecer, concluir. Ora, essa conclusão que teve que tirar – todos os ditos são – é, por sua vez, como na primeira tese, uma má repetição da tese sofística segundo a qual o ser é um efeito de dizer; ela é, de maneira exatamente simétrica, a sua conclusão ao mesmo tempo implacável e irremediável; a ontologia funda uma sofística caricatural. "Tudo salvo Górgias", o Górgias de Parmênides, diria então Górgias.

Basta para isso renunciar à tese parmenídica e supor, no lugar da identidade entendida como igualdade entre pensar e

---

[82] *Met.*, Γ 3, 1005 b 25 s.

ser, um simples recobrimento parcial, uma inclusão: o pensamento não é mais o critério exclusivo do ser mas um critério entre outros, assim como a ontologia apareceu antes como um discurso entre outros. "Portanto, não Parmênides."

"Então Górgias." Para o Górgias do qual se trata agora, o Górgias de Górgias, tudo é critério de ser: cada fenômeno, na medida em que simplesmente aparece, "é" tal qual ele aparece: qualquer que seja o domínio de aparecimento, a aparência e o ser não se distinguem. Assim o que é percebido é como é percebido, o visto tal qual é visto, o ouvido tal qual é ouvido; da mesma forma, o imaginado ou o pensado é como é imaginado ou pensado. Em caso de conflito entre os domínios, nada permite decidir, nem o *consensus*, nem a experiência, nem o hábito, que fundariam uma verossimilhança: que eu imagine carros sobre o mar, e carros correm sobre o mar, mas, se eu não vejo carros sobre o mar, é que não há carros sobre o mar. A verdade é assim atomizada em uma infinidade de designações ("tal" fenômeno ou "tal" outro) sem hierarquia possível entre elas, sem razão de escolher, entre elas, uma de preferência a outra. De tal modo que a atribuição de uma verdade única, a possessão da verdade, é absolutamente impossível; tal será o sentido do "relativismo" sofístico: "se é, é incognoscível", já que a verdade não tem nenhuma permanência, nenhuma identidade.

Como essa atomização da verdade entra em acordo com a tese discursiva? Ser não parece mais aí o efeito apenas do dizer, mas também do ver e do ouvir. É que é preciso, sem dúvida, fazer avançar ainda mais a tirania do dizer e interpretar essa volta a mais realizada com a repetição do "então Górgias". O discurso não é apenas, se "nada", a única prática ontológica possível em si mesma, como discurso efetivamente pronunciado; ele o é também, na hipótese do "é", como único modelo das outras práticas, quaisquer que sejam elas. O fenômeno, com efeito, não se produz como manifestação de um ente a partir de seu próprio fundo, desvelamento do que é, signo de uma presença qualquer, e desde então suscetível de uma organização, até mesmo de uma experimentação e de uma provação; ele é, ao contrário, estritamente fugaz, inarticulável e comparável a nenhum outro, fenômeno ou substrato. Sua identidade instantânea, que o excetua de toda prova contraditória, é assim análoga à do discurso, sob a condição de ouvir de maneira ainda mais minimal sua discursividade: não organização demonstrativa, mas puro fluxo sonoro, sequência sem consistência e sem identidade, tempo. Desde então, o ser, que não é como na ontologia um dos termos da adequação com o pensamento, nem um objeto preexistente ao dizer, mesmo se desvelado por ele, também não é um efeito lógico, objeto produzido por uma demonstração; é ainda menos: um caos de átomos dos quais nada garante que eles formem mundo.[83]

7. Górgias, Heidegger e a sintaxe da presença

Parmênides, uns 150 versos no Diels-Kranz, é hoje o terreno de uma guerra da origem entre filologia e filosofia, cada uma se revelando, no uso, da outra, segundo a expressão de Jean Beaufret, "sempre boa filha",[84] isto é, competência para ironizar, mas não para interditar. Seja, portanto, de um lado, o maniqueísmo do antepassado acadêmico, como o tempo monótono e pálido – o ser é e o não-ser não é; verdade do sábio, opiniões mutantes dos mortais –, promovido pela grande tradição da filologia alemã, ela mesma herdeira da interpretação platônica; seja, por outro lado, a aurora que excede toda posteridade de um deixar-se dizer o copertencimento do ser e do pensar que nos rege de modo destinal, heideggerianamente; como situar o Parmênides de Górgias?

[83] Ver *infra*, p. 104-107.
[84] *Op. cit.*, t. I, p. 58.

"É apenas com Parmênides, escreve Heidegger em *A sentença de Anaximandro*,[85] que *eon* (presente) e *einai* (ser presente) se tornam palavras fundamentais divulgadas do pensamento ocidental. Na verdade, isso não se deu pelo fato de que Parmênides, como a opinião equivocada embora corrente não cessa de ensinar, teria interpretado 'logicamente' o ente a partir da proposição nominal e de sua cópula... Não é Parmênides que interpretou logicamente o ser, é, ao contrário, a lógica, nascida da metafísica e ao mesmo tempo dominando-a, que conduziu a que a riqueza essencial do ser, em reserva nas palavras fundamentais da aurora, permanecesse escondida. Somente assim o ser pode aceder à posição de conceito mais vazio e mais geral." O esquecimento do ser é parricídio sempre anterior; não aquele cuja necessidade o Estrangeiro mostra no *Sofista* de Platão e que Aristóteles sistematiza – é preciso dizer que o não-ser é "enquanto outro" ou "em potência" –, pois este aí é apenas um parricídio segundo, mas aquele sobre o qual ele se insere, essa "logificação" primeira discernida por Heidegger que, muito antes de Platão, portanto, faz passar o consequente pelo original e a contradição pelo interdito por excelência.

Exatamente segundo a mesma estrutura, o ser é definido no *Poema* de Parmênides "a partir de uma identidade e como um traço dessa identidade", a identidade entre ser e pensar. "Mais tarde, ao contrário, a metafísica representou a identidade como um traço do ser. Nós não podemos portanto partir da identidade da metafísica para interpretar a de Parmênides."[86] Crer que enunciados de identidade tais como "o ser é" ou "o ente é ente" constituem enquanto tais o essencial do *Poema* seria, portanto, o mais raso, mas também o mais fatal dos erros.

---

[85] *Chemins qui ne mènent nulle part*, trad. W. Brockmeier e F. Fédier, Paris, 1962, p. 286 s. (*Gesamtausgabe*, I, 5, Frankfurt, 1977, p. 351 s.).

[86] "Identité et différence", trad. A. Préau, em: *Questions I*, Paris, 1968, p. 262 (*Identität und Differenz*, Pfullingen, 1957, p. 15).

Ora, o Parmênides de Górgias parece de início reunir os traços essenciais de uma tal "metafisicação" e acusar, qualquer que seja a proximidade histórica, uma distância historial considerável. Longe de se interrogar sobre o sentido do termo "ser", Górgias o manipula como uma variável qualquer, e essa manipulação tem por finalidade a identificação e a identidade. Ele produz assim uma leitura de Parmênides que insiste na diferença entre verbo, sujeito e predicados, e a interpreta, portanto, "logicamente". Martin Heidegger parece ter, a partir daí, todas as razões para considerar o *Tratado*, tanto mais que ele o analisa na versão de Sexto Empírico, como a testemunha de uma posição já tardia, que ele determina mais precisamente como cética.[87] O *Tratado*, como o ceticismo em geral, se autorrefuta na medida em que põe somente a questão da existência da verdade; ora, essa questão só é primeira em aparência: ela supõe já a possibilidade mesma da verdade e uma questão que visa seu conceito, sua essência. A denegação dessa prioridade basta para invalidar o ceticismo; ela faz em particular de todo "relativismo", afirmação segundo a qual não há verdade absoluta, uma contradição interna, já que há pelo menos uma verdade absoluta: que a verdade é apenas relativa. Enfim, a definição da verdade à qual o cético remete, como aliás seu adversário, provém de uma escuta essencialmente não original: o ser da verdade é predeterminado como "validade dos enunciados" e contém um apelo ao princípio de não-contradição como critério. Também o ceticismo, longe de constituir uma reflexão fundamental sobre a lógica filosofante, seria antes a indicação de que "essa questão fundamental da lógica não atingiu ainda a dimensão de uma questão filosófica".

Convém distinguir aqui muitos níveis de crítica: o primeiro, e mais geral, considera a assimilação da posição

---

[87] *Logik*, "Die Frage nach de Wahrheit", *Gesamtausgabe*, II, 21, Frankfurt, 1976, p. 19-25.

de Górgias ao ceticismo; o segundo diz respeito ao método próprio de Górgias no *Tratado* e deve explicitar sua relação com a identidade e a contradição; o terceiro, enfim, avalia a interpretação tardia ou não, lógica ou não, de Parmênides proposta por Górgias. E é também aí que o resto está em jogo.

Parece inegável que o Parmênides de Górgias seja "lógico", ainda que seja necessário imediatamente precisar em que sentido.

Ele não o é, certamente, por exemplo, como o é o *Parmênides* de Platão. O Parmênides do diálogo, após ter feito Sócrates explorar as aporias da noção de "ideia", lhe propõe uma "ginástica dialética"; o diálogo consiste em desdobrar a tese parmenídica, a do um, para dela extrair, série por série, as consequências predicativas no que concerne ao próprio um, assim como no que concerne aos "outros".[88] A tese fundamental

---

[88] Contrariamente ao que se afirma mais frequentemente, e que a apresentação e o recorte do diálogo por Diès na edição Budé sugerem, não se trata de nove hipóteses distintas, mas de uma só hipótese sob a forma positiva ou negativa, à qual faz explicitamente retorno cada um dos raciocínios (cf. 142 b 1 s.; 159 b 2 s.; 160 b 4; 163 b 7; 165 e 2): "Você quer... que eu comece por mim e por minha própria hipótese, supondo a propósito do um, seja ele um ou não seja ele um, o que deve resultar disso?" (137 b 1-4). Nos dois casos, trata-se então de examinar quais são os predicados que resultam disso para o um e quais são aqueles que resultam disso para "os outros", explorando a cada vez os dois sentidos possíveis de "um": um como "à parte" ou um como "participante". A combinatória produzida se resume portanto como segue, os números correspondendo a isso que se tem o costume de chamar as "hipóteses":

	Suponhamos o Um			
	Se o um é um		Se o um não é um	
	um, à parte	múltiplo, participante	um, à parte	múltiplo, participante
o um é	nem... nem... (1)	e... e... (2)	nem... nem... (7)	e... e... (6)
os outros são	nem... nem... (5)	e... e... (4)	nem... nem... (9)	e... e... (8)

Notemos que o estatuto do raciocínio (3) deve ser inteiramente repensado, e que ele não constitui propriamente falando um raciocínio distinto.

de Parmênides é enunciada por Sócrates desde o início[89] sob a forma de um resultado demonstrado pelo *Poema*: "o todo é um". "O ser" não é, por esse fato, jamais interrogado enquanto tal; dito de outro modo, o *Parmênides* de Platão se situa de saída no nível do ente e dos entes, em sua unidade e em sua pluralidade. É isso, aliás, o que indica claramente a *mise-en-scène* inicial, que assimila Parmênides e Zenão e a tese do Um àquela da não-pluralidade.[90] O próprio *Poema* não pode, portanto, jamais ser apreendido em seu movimento próprio, e "lógico" significa apenas: combinatória de possíveis.

    Górgias, ao contrário, lê o *Poema* não quanto a seus resultados, mas em seu desenrolar, em seu efetuar-se, em seu "poematizar": "lógico" deve ser entendido aqui no sentido de atenção ao *logos*. Sua leitura não parece tanto emplacar do exterior os conceitos gramaticais de sujeito, de verbo e de predicado necessários à proposição de identidade, quanto extraí-los, fazê-los aparecer em sua produção no interior mesmo do *Poema* e através dele. Pode-se dizer que, com o *Poema* de Parmênides lido por Górgias, a língua dá à luz a partir de si mesma, e que a sintaxe manifesta, à luz do dia, sua própria constituição. Isso não implica em nenhum caso que Parmênides seja o primeiro "gramático", pois como o escreve Jean Beaufret, denunciando sempre o *husteron proteron* característico da metafísica: "Os gregos não pensam... regulando-se pela gramática, que ainda não existe. É, muito pelo contrário, a gramática que se regulará bem mais tarde pela filosofia grega e em particular pela filosofia platônica da participação";[91] mas isso significa que uma língua é língua somente na medida em que ela é "com-posição", "pôr junto", *sun* da articulação sintática, e que essa dimensão sintática é

[89] 128 a 8 s.
[90] 128 a 8-128 b 6.
[91] *Op. cit.*, "Notes sur Platon et Aristote", t. I., p. 93.

tão necessária e originária quanto a dimensão dita semântica. Bem entendida, essa distinção sintaxe/semântica não poderia, por sua vez, intervir sem tecnocentrismo e metafisicação: também é preciso dizer que é a uma coconstituição da forma e do sentido que o *Poema* nos faz assistir.

Assim, Górgias não interpreta "logicamente o ente a partir da proposição nominal e de sua cópula", mas ele faz ler a possibilidade mesma do verbo enquanto verbo, do predicado enquanto predicado e do sujeito enquanto sujeito como etapas do *Poema*, no fundamento da identidade predicativa. Que o verbo seja "é" e o sujeito "o ente" não é certamente indiferente, e não se ouve, segundo toda probabilidade, senão que com a ajuda de Heidegger, à escuta do desvelamento da presença nessa língua pensante que é o grego. Mas, língua pensante, o grego não poderia sê-lo sem um análogo desdobramento de sua dimensão sintática. O Parmênides de Górgias não "nomeia" apenas a presença, mas ele a articula e produz uma sintaxe dela: é, portanto, através da gramaticalidade mesma da língua que se deixa dizer o modo de presença da presença.

Medimos assim, ao mesmo tempo, a analogia e a distância: para Górgias como para Heidegger, o *Poema* de Parmênides é verdadeiramente um poema, no sentido em que "o pensamento é poema";[92] só que a língua não é tanto, para Górgias, matriz e recolhimento do sentido quanto *mise-en-scène* de sua própria estrutura – como se houvesse dois tipos de poemas possíveis, aquele no qual a língua se faz "palavra", encarregando-se de dizer e pensar o ser, e aquele no qual, não tendo que se encarregar senão de si mesma, ela se efetua como "discurso".

---

[92] *Chemins...*, "La parole d'Anaximandre", p. 268 (p. 328 da edição alemã).

O discurso sofístico

1. Hipótese

O Parmênides de Górgias deve agora servir para precisar como Górgias usa a identidade e a contradição e permite, assim, caracterizar o discurso sofístico.

Górgias, nós dizíamos, só faz cumprir sua filiação; como Melisso, Xenófanes e Zenão, ele confirma Parmênides, e é apenas por isso que ele o inverte: o que entender por esse "excesso" de obediência, essa desmedida na fidelidade?

Nós poderíamos dizê-lo grosseiramente assim, por mais fantástico que isso pareça: o sofista antecipa desde Parmênides o conjunto da metafísica, prevê a compreensão lógica do ser e a logificação da verdade, de Aristóteles e de Leibniz até Hegel. Ele os prevê, o que quer dizer que ele os pratica, usando do princípio de identidade, dos indiscerníveis, do terceiro-excluído, da não-contradição e do princípio de razão, como se a origem os contivesse, como se eles já fossem evidentes. Mas usando deles, abusando deles como de uma técnica de ponta, ele os usa, prova que eles mesmos se desfazem e que o ser que eles pretendem fundar não resiste a essa fundação. Se é indubitável que o *Tratado* de Górgias supõe a verdade como não-contradição, é preciso acrescentar que ele não a supõe senão para depô-la de sua pretensão, já que assegurar a ontologia é a única e inevitável maneira de nadificar. O crédito feito aqui à sofística parecerá exorbitante, já que ela parece ao mesmo tempo interpretar a origem de maneira original e desenvolvê-la em suas implicações últimas que, retomadas nela e a ela reaplicadas, acabam por bloqueá-la e por fazê-la "desbloquear". Essa dupla hipótese não cessa, no entanto, de se verificar como necessária e legítima.

2. Sofisticação da identidade: o equívoco do significante

É de início o princípio de identidade, *a é a*, que é assim evidente. É evidente que ele é universal, portanto aplicável a todos os objetos; ele funda cada objeto em sua identidade, o que quer dizer que ele o garante como igual a si mesmo e diferente de todos os outros, idêntico e identificável. Sabe-se que Górgias o aplica primeiramente a esse objeto proposto pelo *Poema* que é o "não-ser", e a seu sujeito, o não-ente, a fim de fundar o seu reconhecimento possível e estabelecer assim a distinção entre as duas vias: a proposição de identidade aplicada ao "não-ser" é o requisito mínimo do engajamento. É nesse ponto que a primeira catástrofe de um "excesso" foi constatada.[93] Tentemos extrair a lei desse funcionamento catastrófico.

O *Poema* parte do enunciado de um "é" e de um "não é", sustentados como originários por terem sido enunciados pela deusa, por serem o produto de uma enunciação divina. A distinção entre as duas vias é, no interior do *Poema*, um puro efeito dessa enunciação. Górgias se esforça por estabelecer demonstrativamente a distinção; ao longo de sua tentativa, e isso é precisamente a causa do seu fracasso, ele se atém ao "é" e ao "não é" tais como eles são enunciados nessa enunciação: cada "é", tomado em qualquer enunciado,

[93] Ver *supra*, p. 67-69.

é um tal "é", confundido com o "é" da enunciação originária, cada "não é" um tal "não é", ou ainda, todo "é" é de direito idêntico a qualquer outro, sem equívoco possível. Ora, essa suposição de univocidade é justamente o fundamento necessário do equívoco: uma equivocidade funciona se e somente se a identidade de todas as ocorrências é evidente. E já que o *Poema* é inaugural, já que a enunciação divina se impõe como logotética, confiar na origem é creditar de univocidade sua palavra mestre "é". "É", suposto unívoco, autoriza o equívoco. É a razão pela qual, no único enunciado que possa permitir identificar o "não é" ("o não-ente é não-ente"),[94] o "é" que serve de cópula é de direito idêntico ao "é" que identifica o ente em "o ente é ente"; todos os dois são indiscerníveis do "é" da enunciação primeira, como ele mesmo é indiscernível dos dois; ele não pode ter outro sentido que o deles e eles não podem ter outro sentido que o seu.

A censura que, após Platão e Aristóteles, o Anônimo endereça a Górgias – de utilizar a homonímia dos termos, e em particular de não distinguir entre o sentido copulativo e o sentido existencial do verbo ser – encontra aqui a sua justificação. E, no entanto, uma tal crítica aparece ao mesmo tempo como particularmente inadequada; pois o sofista não se enterra no equívoco, de onde seria preciso desalojá-lo explicitando por exemplo em quantas acepções se diz o ser e precisando, a cada vez, se se trata de ser "*tout court*" ou, ao contrário, de ser "semelhante", de ser segundo a predicação de identidade.[95] É ao menos tão legítimo dizer que ele se mantém no nível da enunciação original, anterior a toda distinção como a toda homonímia. Através disso, quando ele compõe outros enunciados, a homonímia pode efetivamente funcionar livremente: tal é o efeito da origem.

[94] Cf. *G.*, 3., *1-5*.
[95] Cf. *G.*, 4., *2-6*.

Assim, a "sofisticação" da identidade não é, aparentemente, de início, uma logificação; muito pelo contrário, é a logificação, como regulamentação do equívoco e apreensão categorial do ser, que se apresenta explicitamente como uma resposta a essa sofisticação. A prática sofística nos introduz, antes, em um domínio completamente diferente, aquele da identidade sonora: aquele do significante. Identificar o "é" em todos os enunciados é, com efeito, ter em vista a materialidade fônica ou a sua transcrição literal. Que o nome de Górgias tenha marcado tanto, ao ponto de que a Grécia tenha forjado o verbo epônimo "gorgianizar",[96] nos sugere que sua retórica ousava propagar o significante. A relação entre citação ou letra do texto e significante torna-se assim manifesta. É retomando no curso de suas próprias demonstrações a enunciação primeira, citando, portanto, o "é" do *Poema* que Górgias impõe por meio da identidade do significante a suposição de uma identidade de sentido, qualquer que seja o novo enunciado: assim se explicam as frequentes ocorrências do "é" sem sujeito, que podem chegar ao ponto de interromper o curso mais esperado da sintaxe e que constituem tantas citações do *Poema*, isto é, ao mesmo tempo tantas irrupções do significante no interior do Tratado.[97] Tocamos aqui na raiz de numerosos "sofismas" famosos, que funcionam graças ao esmagamento da complexidade do signo apenas na dimensão da identidade do significante, nisso que poderíamos chamar de uma redução à superfície. O mais exemplar é, sem dúvida, aquele em forma de silogismo que se atribui ao estoico Crisipo: "o que tu dizes passa pela tua boca, tu dizes uma carroça, portanto uma carroça passa pela tua boca".[98]

Essa identidade é tanto mais notável porque ela funda não somente o equívoco semântico de um termo isolado com

---

[96] Cf. Filóstrato, *Cartas*, 73 (82 A 35 DK, t. II, p. 279).
[97] Cf. *G.*, 1., *1* ; 6., *2* ; 7., *1* .
[98] Diógenes Laércio, VII, 187.

o "é", mas um equívoco mais inaudito e difícil de ouvir: o equívoco sintático. O exemplo mais marcante é fornecido no *Tratado* pelo anúncio da demonstração própria a Górgias para sua primeira tese: "não é (possível) nem ser nem não ser". A forma grega se assemelha a desenhos-limite caros aos teóricos da *Gestalt* nos quais se percebe um cubo alternadamente segundo uma, e depois segundo outra perspectiva: ela promete ao ouvido três análises implícitas e três sentidos, já demarcados – "não é nem ser nem não ser", "nem ser nem não ser não são", "não é possível nem ser nem não ser".[99] E assim como não se vê o cubo, em parte alguma se ouve a sintaxe em sua verdade; mas a verdade da sintaxe, como a do cubo, se constitui no desdobramento das perspectivas; sua apercepção sintética, o ponto de vista de Deus, repousa finalmente na identidade material do próprio cubo, nos sons da cadeia significante: é em conjunto que os três sentidos são verdadeiros, na sua coincidência numa só frase.

Da mesma forma, a demonstração referencial da primeira tese tem por conquistado o princípio do terceiro-excluído, que ela aplica à produção da identidade do sujeito, efetuada por meio da predicação no *Poema*. Se nenhum dos dois predicados contraditórios convém, é evidente que não existe um terceiro, de tal modo que o sujeito da predicação impossível, não sendo determinado por nada, é ele mesmo não designável e inexistente. Ora, no fundamento dessa demonstração, Górgias utiliza ou, antes, deixa falar, um equívoco do mesmo tipo: aquele entre sujeito e predicado. Em grego, com efeito, diferentemente do francês [e do português], a ordem das palavras é não marcada, ou não imperativamente; por outro lado, o pronome sujeito é regularmente incluído, sem ter que ser expresso, na forma do verbo (*eimi* quer dizer: "eu sou"); de tal modo que as sequências *ouden*

---

[99] G., 2., *19 s.*; ver *supra*, p. 56 s.

("nada") *estin* ("é") ou *ouk* ("não") *estin* ("é") *ouden* ("nada"), que escandem as etapas da demonstração, querem dizer ao mesmo tempo: "nada é" e "ele" ou "isso não é nada".[100] Esse equívoco é ao mesmo tempo requerido e legitimado pela demonstração, na qual Górgias deduz da impossibilidade de todo predicado a impossibilidade do próprio sujeito: se "não é nada", então é que "nada é". O equívoco sintático é em sumo grau necessário e significante.

O Anônimo compreendeu perfeitamente essa sofisticação significante da identidade. Ao ponto de praticá-la com ainda mais virtuosidade que Górgias, sobre um exemplo ainda mais fundamental e que pode ser um paradigma: sobre o próprio princípio de identidade. Ele parte do enunciado mínimo exigido por Górgias como garantia do *Poema*: "o não-ente é não-ente".[101] Em grego, assim como em francês [e em português], os dois termos não são idênticos de um lado e de outro da cópula, mas o primeiro, diferentemente do segundo, é afetado por um artigo. Em francês [como em português], todavia, por causa do papel do artigo indefinido – pois se diz que "um gato é um gato" –, a presença/ausência do artigo não constitui um traço pertinente para diferenciar o sujeito do predicado. Em grego, ao contrário, onde, como acabamos de ver, a ordem das palavras não é normatizada pela sequência "S é P", a ausência do artigo é regularmente a marca distintiva do predicado. O Anônimo inverte então a identidade sofística ou, mais exatamente, se serve de sua reciprocidade: se o significante não é idêntico já que falta um "o" no segundo não-ente, é impossível identificar "o nãoente" sujeito e o "não-ente" predicado; a exigência de Górgias, identificar o não-ente, refuta-se, portanto, a si mesma. A observação do Anônimo vencendo Górgias em seu próprio

---

[100] Cf. *G.*, 4., *12 s.*; 7., *11*;

[101] *G.*, 4., *12 s.*: *ei de kai esti to mè on mè on*, "mesmo se o não-ente é não-ente".

terreno, como Górgias, Parmênides, é de uma perspicácia admirável. Ela funda o recurso a isso que se poderia chamar o "significante sintático" em uma ontologia da gramática: pois o artigo diante do sujeito, baseado no modelo do artigo diante do particípio enfim sujeito no *Poema* ("o ente"), é a marca da consistência, da substancialidade; ele indica que toda posição de um sujeito em uma proposição de identidade implica uma pressuposição de existência. O predicado, ao contrário, não é substancial, ele não tem outra existência que aquela de ser identificado a um sujeito suposto já aí: a este ser menor não pode convir o fechamento totalizante do artigo. O emprego do artigo regulamentado pela gramática remete, portanto, à diferença de estatuto entre sujeito e predicado, que remete por sua vez à diferença de sentidos suportados por uma só e mesma ocorrência de "é"; em "o não-ente é não-ente", o predicado "é" apenas no sentido de "é idêntico" ou "semelhante" ao sujeito, ao passo que o sujeito, ele próprio idêntico e semelhante ao predicado, "é" também *tout court*", ou "existe", "além disso".[102] O Anônimo se serve assim do equívoco do "é", fundado na sua identidade como significante, para apontar para a diferença constitutiva da proposição de identidade.

Falando verdadeiramente, antes de se oporem, o Anônimo e Górgias se entendem aqui, porque eles entendem da mesma forma. Não mais para um do que para o outro, a identidade do não-ente, sua identificação consigo mesmo, não é efetivamente praticável. Segundo Górgias, que o não-ente seja como o ente, e da mesma maneira que ele, não impede em nada que o não-ente seja não-ente, e portanto não seja.[103] O Anônimo, por sua vez, propõe distinguir "o não-ente" do "não-ente" "como se se tratasse de dois entes",[104] dos quais

---

[102] Cf. *G.*, 4., em particular *21 s.*.
[103] Cf. *G.*, 3.
[104] *G.*, 4., *8* .

um, em posição de sujeito, é, enquanto o outro, sem artigo e em posição de predicado, não é; mas é preciso acrescentar que o sujeito sozinho não apenas "é", mas também "é não-ente", de tal modo que ele ainda se desdobra em dois entes dos quais um é e o outro não é, e assim ao infinito. A escolha do não-ente como objeto privilegiado do princípio de identidade ganha assim todo o seu sentido: o não-ente é o objeto que torna manifesta a diferença contida na identidade e cuja diferença consigo mesma interdita para todos os outros toda atribuição de identidade.

Se um sofisma não pode se resumir mas apenas se repetir, é também porque ele não se dissipa, mas se reproduz a cada vez que o escutamos. Pois ele se atém, para dizê-lo não sem anacronismo, a algo como a linearidade do significante. Simplesmente: ao enunciar "o não-ente é não-ente", entende-se primeiro, e isso é um efeito necessário da diacronia constitutiva do discurso, "o não-ente é". É somente em um segundo momento que "não-ente" vem completar "o não-ente é", e obriga a reinterpretar em sua totalidade o sentido do enunciado parcial, contraditório com o enunciado completo.

Reencontramos, nessa perspectiva, o privilégio do enunciado de identidade incidindo sobre o não-ente; diferentemente de "o ente é ente", onde a reinterpretação é insensível já que os dois sentidos "o ente é" e "o ente é ente" se confirmam, até mesmo se confundem, o enunciado "o não-ente é não-ente" obriga a tomar consciência do curso do discurso, e constrange a ouvir o jogo significante da sintaxe. O discurso sofístico se deixa assim figurar como uma série de engarrafamentos, manifestando em sua estrutura mesma o sentido como um efeito de *a posteriori*: discurso esgotante na medida em que provoca uma tensão e uma atenção intermináveis até o silêncio final.

Assim, o equívoco da sintaxe, não mais que aquela do "é", não é a exploração de uma falha da língua, que justificaria uma correção lógica através da atribuição de sentidos diferenciados. Ao contrário, a prática sofística encontra-se, antes, entre aquelas que "remuneram a falha das línguas". Ela presta os ouvidos e faz ouvir o que na língua constitui sua densidade semântica e sintática e que seríamos tentados a nomear, de modo heideggeriano, sua essência pensante. Mas a especificidade da prática sofística está longe de ser suficientemente definida por uma tal autenticidade. Pois com a atenção ao significante, que funda o equívoco e obriga, em sua linearidade, a uma perpétua ginástica de reinterpretação, ela não ouve apenas a língua como "fala" ["*parole*"] mas como "discurso", e é nessa conjunção detonante que ela reside.

3. A melhor contradição

O equívoco significante produz um excesso de identidade, obrigando a identificar os diferentes sentidos do "é" e tomar finalmente por modelo da identidade a autodiferença do não-ser. Ao mesmo tempo, ele bloqueia o funcionamento do princípio de não-contradição.

O princípio, tal como ele é teorizado por Aristóteles no livro *Gama* da *Metafísica*, faz funcionar, através de seu próprio enunciado, um certo número de nuances essenciais a seu bom funcionamento: "É impossível, diz Aristóteles, que o mesmo pertença e não pertença, ao mesmo tempo, ao mesmo e segundo o mesmo". Uma dessas nuances essenciais: "segundo o mesmo" remete diretamente à pluralidade normatizada dos sentidos do ser, que a identidade do significante interdita distinguir. Nenhuma das diferenças – não mais a potência e o ato que a substância e o acidente, a forma e a matéria ou as categorias, cujo uso Aristóteles recomenda para dissipar a aparência de contradição contida nos sofismas – é, portanto, efetivamente aplicável à proposição sofística por excelência: "o não-ente é não-ente". A outra exigência fundamental, aquela do "ao mesmo tempo", permanece ela também sem efeito, já que ela já é sempre necessariamente satisfeita em virtude da sofisticação da identidade; pois é não apenas sob uma só e mesma relação, já que todas as relações confundidas, mas também "ao mesmo tempo", no ao mesmo tempo de um único significante como "é", que se produz a contradição. Na falta dessas nuances, o princípio funciona demais, e o discurso não cessa de produzir contradições, como aquelas sobre as quais repousa a tese "nada é" – ou, o que dá na mesma, o princípio absolutamente não funciona.

Sem dúvida, o discurso sofístico não constitui um lugar possível para a contradição, pelo fato de que, de saída e essencialmente, ele não constitui um lugar. A atenção dada ao curso, à discursividade do discurso, e à sua manifestação, a linearidade do significante, lhe interditam isso. Com efeito, o ao mesmo tempo do significante é estritamente pontual, e cada ponto só tem identidade em sua relação com os outros, posta em questão a cada novo outro até o ponto final: sua identidade, constituída por essa diferença a cada vez diferente, é pura autodiferença. A linha dos significantes não é, portanto, uma figura estável cujo traçado subsiste e se alonga. Não se trata dessa linha cujas diversas partes constituem uma série que, na célebre distinção kantiana do espaço e do tempo, "representa" ainda espacialmente o tempo até em sua preeminência sobre o espaço e, espacializando-o, mantém justamente um "lugar" possível para a contradição.[105] Ou, se se trata dela, é sob a condição de se agarrar à inadequação radical da figuração, ao caráter "excepcional" da linha do tempo – suas partes, em vez de serem "simultâneas", são "sempre sucessivas" – excluindo assim que um "ao mesmo tempo" de dois pontos possa jamais fornecer o espaço-tempo necessário à contradição.

Mas o procedimento sofístico parece então paradoxal, até mesmo impossível. Se cada proposição – que ocupa, mudando de escala, o lugar de um significante – não é jamais suscetível de

---

[105] Cf. Kant, *Critique de la raison pure*, p. 63 (p. 81 da edição alemã).

ser contradita por uma outra, como, de uma sequência sempre esvanecida de proposições, poderia consistir, no entanto, algo como uma demonstração logicamente articulada, isto é, não contraditória e se servindo da não-contradição?

Para dar conta desse paradoxo, nós não encontramos nada melhor que sugerir, por meio disso que no momento aparecerá apenas como uma metáfora: as leis do choque. A contradição não deve ser pensada como a coexistência impossível de duas proposições em um mesmo espaço de discurso aristotélico. Também não é, em modo hegeliano, a retomada dialética de uma primeira proposição por uma segunda que a mantém, negando-a: esse tipo de relação é certamente temporal, mas a retenção memorizante reconstitui um novo espaço, o do sistema. O discurso sofístico não conhece acumulação sistemática, ele não tem memória, já que, ao contrário, ele não cessa de se esvanecer. Mas a contradição se produz pelo fato de que se pode fazer apelo a ele a qualquer momento, em qualquer ponto evanescente da linha, a qualquer proposição: basta exibi-la, sustentá-la, enunciando-a; e ela é tanto mais sustentável na medida em que ela já foi sustentada ou que, pertencendo ao tesouro da *doxa*, ela se sustenta a si própria. O ao mesmo tempo da contradição se reduz então ao choque instantâneo de duas proposições. É claro, essa colisão (e a metáfora) tem a ver ainda com o espaço, ela não poderia ter lugar na pura sucessão. Na verdade, ela não poderia ter lugar mais do que o choque de dois átomos que caem paralelamente. É uma exceção lateral, análoga ao *clinâmen*, e o *clinâmen* não é, ele próprio, nada além da exibição que se faz dele. Pois tudo é uma questão de exibição: a prestação do sofista traz o nome de "exibição",[106] assim como a do prestidigitador, que faz aparecer, quando lhe parece bom, o coelho de dentro da

---

[106] *Epideixis*, a partir de *deiknumi*, "eu mostro", por oposição a *apodeixis*, "demonstração".

cartola. Assim, Górgias, na hipótese em que "o não-ente é", exibe de novo e como nova a proposição ortodoxa já sustentada de que "o não-ente não é": a demonstração do sofista é como uma "demonstração" pública, que produz unicamente por sua manifestação seu direito irrefutável de estar ali.

O Anônimo compreendeu perfeitamente a natureza do procedimento. Ele o torna manifesto utilizando-o ele próprio, e para fins contrários: sua crítica consiste em exibir, em um ponto nomeado, uma outra proposição, a fim de produzir uma conclusão oposta. O exemplo mais marcante é aquele do último caso considerado por Górgias, no qual "o não ser é", suposto, além disso, que não-ente e ente sejam a mesma coisa. Em vez de concluir, como o sofista fazendo apelo à proposição "o não-ente não é", que "nada é",[107] o Anônimo escolhe reiterar a proposição contrária: "o não-ente é", para deduzir daí imediatamente "por uma inversão" tanto que o não-ente é, já que ele é, quanto que o ente é, já que ele lhe é idêntico, portanto, que "tudo é".[108]

O interesse da crítica é apontar com violência para o fato de que não há razão para exibir uma proposição em vez de outra, ou que, se razão há, isso não tem a ver com um constrangimento interno ao discurso, mas com uma escolha deliberada. A partir das mesmas premissas, "há uma possibilidade equivalente de dizer" que nada é ou que tudo é, segundo a preferência concedida a tal ou tal irrupção lateral, a tal ou tal "ora": a cada um, sua contradição.

O Anônimo generaliza esse procedimento para fazer dele o instrumento de sua crítica ao longo da exposição das três doutrinas. Ele refuta cada tese de Melisso e de Xenófanes,

---

[107] *G.*, 3., *12-15*.

[108] *G.*, 5., *17-26*. A refutação se complica pelo esmagamento dos dois planos infinitivo/particípio, rigorosamente distintos por Górgias na sequência de Parmênides.

mostrando que, dadas as premissas, uma outra conclusão pode "tanto quanto" dela decorrer; "mas por que, quanto a isso, seria de preferência assim?" e "nada impede que, quanto a isso, seja também de outro modo" se tornam fórmulas canônicas, e, nós o veremos, exemplares da maneira doxográfica.[109]

4. Contradição e razão

Se tal ou tal contradição depende de uma escolha, é que, de maneira mais essencial, o próprio princípio de não-contradição só pode ser objeto de uma escolha. Voltemos à muito célebre "demonstração" que Aristóteles propõe dele.[110] O seu elemento prévio é que, uma vez que se trata de um "princípio", e até mesmo do único princípio verdadeiro enquanto tal – isto é, primeiro, anipotético, fundamento de todo conhecimento, de toda demonstração e de todos os outros menos bem nomeados princípios –, não se poderia exigir demonstração dele, senão por "falta de educação": nenhuma demonstração dele propriamente dita pode ser dada sem petição de princípio. Sua demonstração consiste simplesmente em uma "refutação". A refutação, aliás, recenseada por Aristóteles como um procedimento sofístico,[111] é uma montagem dialógica que faz o outro assumir toda a petição de princípio. É preciso e basta à refutação que o outro "diga algo": que ele fale (que ele seja efetivamente um outro, homem e não planta), e que ele signifique (que ele diga algo que tenha um sentido para si mesmo e para outrem) e, através disso, ele se encontra de saída já sob a dominação do princípio.

Assim, o princípio de não-contradição remete a uma dupla escolha: escolher ser um ser falante e escolher querer dizer, isto é, dizer algo em vez de nada. Aparece então,

---

[109] Ver *infra*, p. 137 s.
[110] *Met.*, Γ 3 e 4, em particular 1005 b 35-1006 a 30, e 1008 b 2-31.
[111] Cf. o próprio título: *As refutações sofísticas*.

manifestamente, que o princípio de não-contradição se enraíza nisso que Leibniz nomeará, uns 20 séculos mais tarde, o "princípio de razão". Não é apenas que seja preciso dar razão à ligação entre sujeito e predicado, e produzir assim a verdade definida pela não-contradição como analítica; muito mais radicalmente, Aristóteles não tem razão em sustentar que o princípio de não-contradição é absolutamente primeiro, pois sua afirmação requer uma decisão prévia, implicando ela própria que tudo não é igual ou indiferente, mas que há um mais, um preferível, um melhor. E a prova irrefutável da existência de um tal melhor é que não há homem que, vivo, não aja e não escolha quotidianamente viver: "Por que (o homem que pretende recusar o princípio) pega o caminho para Mégara em vez de ficar em casa, pensando que vai para lá? Por que, se em um ponto do dia ele encontra um poço ou um precipício, ele não anda em sua direção, mas parece, ao contrário, tomar cuidado, como se ele pensasse que não é igualmente bom e não-bom cair nele?".[112] Essa escolha prática é finalmente apresentada pelo próprio Aristóteles como razão última do princípio "primeiro".

O princípio de não-contradição assim enraizado não é apenas um princípio lógico, fundando a consistência do discurso, nem mesmo um princípio ontológico, definindo o próprio ente como não contraditório, racional, enfim, calculável; é também e talvez essencialmente um princípio ético, que remete à liberdade em cada homem de viver como homem, de escolher a humanidade. É o motivo pelo qual Aristóteles distingue explicitamente entre dois casos. Há os que não admitem o princípio em razão de dificuldades reais, e cuja oposição tem a ver "não com o discurso, mas com a maneira como eles pensam",[113] extrapolando, em particular,

---

[112] *Met.*, Γ 4, 1008 b 14-17.

[113] *Met.*, Γ 5, 1009 a 19 s. Tricot traduz: "ce n'est pas ici un simple raisonnement, c'est à une véritable doctrine que nous avons affaire" ["não se

a partir de um exame insuficiente das coisas sensíveis: a ignorância deles é sem má intenção, ela é filosófica e fácil de curar, fazendo-os compreender o seu erro, por "persuasão" portanto. Mas há também "aqueles que falam pelo prazer de falar", "que discorrem em vista do discurso", "graças ao discurso" e "pela graça do discurso":[114] esses, os sofistas, a sua recusa do princípio tem a ver com uma intenção ética, de uma "escolha de vida".[115] A sua cura só pode vir da "refutação do discurso contido nos sons da voz e nas palavras"; ela deve ser o efeito, não da "persuasão" que demonstra o erro e faz compreender a verdade, mas da "força", do "constrangimento". Esse constrangimento é aquele do próprio discurso enquanto discurso, em sua materialidade discursiva. Mas, justamente, ele é impossível: "aqueles que buscam somente o constrangimento no discurso buscam o impossível; pois eles julgam que dizem contraditórios simplesmente enunciando contraditórios".[116] Ao colocar a consistência do discurso no próprio discurso, e não em uma relação com o ser exterior a ele e que ele seria encarregado de exprimir, o princípio de não-contradição é insustentável: basta, com efeito, para destruí-lo, produzir, exibir duas proposições contraditórias, o que se faz simplesmente enunciando-as.

O personagem do sofista só é tão assustador porque ele tem todo o ar de ser um homem; pois, no fim das contas, ele

    trata aqui de um simples raciocínio, é com uma verdadeira doutrina que estamos lidando"] (Paris, 1966, t. I, p. 218).

[114] *Ibid.*, 1009 a 20 s.: *hosoi de logou kharin legousi.*

[115] *Ibid.*, Γ 2, 1004 b 22-26.

[116] *Ibid.*, Γ 6, 1011 a 16 : *Enantia gar eipein axiousin euthus enantia legontes. Euthus* significa "muito simplesmente", "indo direto ao ponto". Tricot traduz, não sem hesitação: "car ils ont la prétention qu'on leur accorde le privilège de se contredire eux-mêmes, demande qui se contredit elemême immédiatement" ["pois eles têm a pretensão que se lhes conceda o privilégio de eles próprios se contradizerem, demanda que se contradiz ela mesma imediatamente"] (t. I, p. 230).

não se cala, ele fala; e ele diz certamente algo; por exemplo, que "nada é". Então, como se faz, já que aparentemente ele escolheu a humanidade, que ele consiga ser um outro tão mau, não um *alter ego*, mas, assim como Platão toma o cuidado de sublinhá-lo em cada diálogo em que ele o põe em cena, um visitante, um perpétuo estrangeiro e quase um "alienado"?

5. O princípio de indiferença

É sobre "isso" que ele diz que é preciso se interrogar. Pois o "algo" que o discurso sofístico diz é muito precisamente "não importa o quê". O que ele diz é indiferentemente isso ou aquilo. O princípio de razão obriga a escolher o melhor e a agir antes assim que de outro modo, ele obriga a falar de maneira não contraditória e, assim, dizer o que é. Mas, para o sofista, todos os "algo" têm o mesmo valor e não há razão para escolher um de preferência a outro. Eles têm todos o mesmo valor, que não depende nem de sua não-contradição nem de uma qualquer adequação com um ente ele próprio não contraditório; toda a substância deles lhes é conferida por seu status de serem enunciados e discorridos; eles só são porque são ditos, é por isso que eles são tanto uns quanto os outros: o discurso não tem nada a dizer, ele diz. Em uma tal perspectiva, o princípio de razão não pode mais funcionar, mas se transforma em um princípio de indiferença: "não há razão para dizer isto de preferência àquilo, para falar assim e não de outro modo".

Encontramos aqui a tese discursiva que nos pareceu caracterizar a prática sofística:[117] tudo é sustentável, tanto que nada é, quanto que tudo é, que Helena é inocente ou que ela é culpada. Se o sofista sustenta um de preferência a outro, de preferência nada e a inocência, é apenas porque o outro – é e ela é culpada – já foi sustentado, e se encontra, portanto,

---

[117] Ver *supra*, p. 71-74.

já existindo, já sedimentado na *doxa*. É por puro cuidado do "também", do "tanto um quanto o outro", que o sofista é conduzido a ser, mais frequentemente, paradoxal. Mas essa referência à *doxa* não deve ser subestimada: já sempre há *doxa*; dito de outro modo, o discurso do sofista não é jamais primeiro; o *Tratado*, por exemplo, nós o sabemos, é uma repetição da origem, mesmo se, através dessa repetição, ele se apresenta como sua arquiorigem.[118] Compreendemos agora o que termos como "sustentar", "sustentado", "sustentável", assim como "consistência" do discurso, têm por conteúdo: eles não querem dizer nada além daquilo que os discursos anteriores lhes atribuíram, e em particular a ontologia, e em particular o *Poema* de Parmênides. As regras de consistência do discurso sofístico não têm nada de essencialmente sofístico, elas são as regras de consistência de todo discurso: a sintaxe, cujo ato de nascimento Górgias decifra no *Poema*, e a lógica, no sentido do conjunto dos princípios tais como o da identidade, o do terceiro-excluído e o de não-contradição, que fundam a "aceitabilidade". Mas é então que é preciso fazer intervir a repetição; pois ela produz, simplesmente através desse "excesso" de respeito que a caracteriza, as catástrofes e as perturbações já demarcadas. O discurso sofístico que dobra sua indiferença ontológica à lógica do ser só pode ser mais excessivamente lógico, lógico até a obsessão.

A segunda tese de Górgias estabelece essa indiferença, essa impossibilidade de fixar um "mais". Trata-se, como nós nos lembramos, a partir de uma interpretação da identidade parmenídica entre ser e pensar, de deduzir que "se é, é incognoscível". No curso dessa demonstração, Górgias é conduzido a substantivar de maneira sintomática o advérbio "mais", por meio do artigo,[119] e faz dele assim o pivô da prova. O que é, é

---

[118] Ver *supra*, p. 74.
[119] *G.*, 9., 13 : *to mallon*, "o 'mais'" (*20*).

incognoscível porque é impossível de determinar como isso é "de verdade", isto é, qual é "o mais", "o de preferência" constitutivo do que é. Pois o que é, é "não mais" o que nós vemos que o que nós escutamos, e "não mais" o que nós percebemos que o que nós concebemos. Não há nenhum critério possível da identidade do objeto, nem mesmo o *consensus*, ele mesmo variável. O objeto é inteiramente difratado entre a pluralidade de seus aspectos, dos quais, justamente, nada garante que eles sejam aspectos de um mesmo objeto, mas que constituem, antes, cada um, "tal" ou "tal" objeto distinto,[120] sem consistência unitária, na falta de uma hierarquia dos domínios e de um "mais" organizador. Essa indeterminação é produzida por uma compreensão puramente dêitica do que é: exatamente como, na *Fenomenologia do espírito*, isto é tanto uma árvore quanto uma casa,[121] este "o mais" necessário à objetividade é tanto tal quanto tal.

O princípio de indiferença se funda assim em uma certa compreensão do que é: se o discurso não tem que dizer isso de preferência àquilo, é porque nada é assim de preferência a de outro modo. A única consistência possível para um objeto é ser o correlato de uma prática necessariamente pontual, seja ela perceptiva, conceitual ou discursiva. É signo dessa inessencialidade do ente, essa atomização não sintetizável do objeto, o termo mesmo que vem substituir o termo "ente": o plural *pragmata*, "as coisas efetivas",[122] a ser entendido não como "realidade" aparecendo de seu próprio fundo no desvelamento de um conhecer, mas como "efeitos" dêiticos de uma *praxis* ela mesma atomizada. A preeminência do discurso e a indiferença em relação ao que é dito remetem assim, e de

---

[120] Sobre a aparição do predicado "tal", já como única característica adequada do "algo" melissiano, ver *supra*, p. 41 s.

[121] Hegel, *Phénoménologie de l'Esprit*, trad. J. Hyppolyte, Paris, 1975, t. I, p. 84.

[122] *G.*, 9., *24 s.*

uma maneira que não parece mais apenas metafórica, a uma concepção atômica.

6. A atomização

Na terceira tese, segundo a qual "se é e se é cognoscível, é no entanto intransmissível",[123] a atomização do objeto é apresentada de maneira explícita como correlata de uma atomização do sujeito. Se o objeto não tem outra consistência que não seja uma disseminação de "talidades", é porque o sujeito não tem ele próprio outra subsistência que não seja diferir. Não há mais relação entre um som e uma cor que entre alguém que ouve e alguém que vê, sem que nada permita afirmar que se trata de um mesmo objeto ou de uma mesma pessoa. Essa anulação da sincronia se duplica com uma diacronia irredutível: não há mais relação atribuível entre o visto ou a visão em um instante dado e o visto ou a visão em um instante que precede ou que segue. O sujeito é finalmente reduzido ao estado de mônada: é um átomo perceptivo instantâneo, lugar – ou antes, não-lugar já que toda série no espaço como no tempo é impensável – de aparição de um fora fugidio para um dentro não menos fugidio; e toda a sua identidade consiste nessa diferença para consigo mesmo. Essa autodiferença corrobora uma diferença igualmente irredutível entre os sujeitos: se ninguém é o mesmo que si mesmo, ninguém poderia, com mais forte razão ainda, ser o mesmo que um outro. Na medida em que um objeto único não pode se duplicar no interior de dois sujeitos distintos, e porque, inversamente, dois sujeitos não podem ter uma percepção instantânea idêntica sem se confundir, toda comunicação de um mesmo, toda transmissão, portanto, é impossível.

Assim, o princípio de identidade, se nós o levamos até as suas últimas consequências, interdita identificar um

[123] G., 10. e 11.

mesmo a si mesmo assim como dois mesmos entre si. Ele cava um fosso insuperável entre similitude – duas percepções semelhantes e/ou dois objetos semelhantes que fariam uma transmissão aproximativa – e identidade: em virtude da indiscernibilidade *solo numero* de dois objetos assim como de dois sujeitos, uma transmissão integral é portanto impossível. É, de novo, um excesso de identidade que obriga a conceber a identidade, segundo o modelo da identidade do não-ente e segundo o modelo da identidade do significante ou do fonema, como pura diferença. A força do princípio de identidade entregue a si mesma e seguida até o fim deixa no caminho sua primeira criação: o mundo estável, ou animado por um sábio devir, dos entes – objetos e sujeitos definidos por sua identidade a si mesmos –, e produz uma espécie de acosmia, feita somente de diferenças e de autodiferenças que tornam essas diferenças inatribuíveis.

"Átomo" parece ser o termo mais adequado para designar esses pontos vibratórios de pura diferença. É preciso levar a sério as ligações estabelecidas pela doxografia, e sublinhadas já por Platão e Aristóteles, entre sofística e atomismo.[124] Uma das frases mais enigmáticas atribuídas a Demócrito esclarece a similitude dos problemas e da relação com a ontologia: "o ada não é mais que o nada".[125] "O ada"[126] não é uma palavra em português, assim como *to den*, sobre a qual ela está calcada, não é uma palavra em grego; mas, em português como em grego,

---

[124] O conjunto da problemática é exposto por Heinz Wismann em seu artigo *"Atomos Idea"* (*Neue Hefte für Philosophie*, 15-16, 1979, p. 34-52).

[125] Plutarco, *Contra Colotes*, 4, 1109 A (68 B 156, 18 DK, t. II, p. 174): *mè mallon to den è to mèden einai*. Voilquin traduz: "le rien existe aussi bien que le 'quelque chose'" ["o nada existe tanto quanto o 'algo'"] (*op. cit.*, p. 177). [A tradução de Barbara Cassin é: "le ien n'est pas plus que le rien", que traduzimos por "o ada não é mais que o nada".]

[126] Em francês, "le ien", que, assim como "ada", em português, também não é uma palavra em francês. (N.T.)

o termo só ganha sentido em sua relação a e em sua diferença com "o nada", *to mèden*. É preciso ainda precisar que tirar a consoante inicial ("n/ada") é uma operação menos violenta que suprimir a primeira sílaba, para cortar assim, bem ao lado da articulação etimológica e semântica: pois *to mèden*, "o nada", é *mèd'hen*, "nem mesmo um"; escolher *den*, é conservar algo da negação e recusar algo da unidade, fazer assim ouvir que o positivo não é jamais inicial e sempre produz a partir da negação e do enfraquecimento de um negativo; mas é também e antes de tudo manifestar que não se trata de início de uma coisa e de um significado, mas de um som e de um significante.

Plutarco, de quem nós temos o enunciado, interpreta esse "ada" como nome do "corpo", que é, por sua vez, a interpretação corrente do termo "átomo", e o "nada" como nome do "vazio". O conjunto da tradição assimila "átomo" e "ente", "vazio" e "nada", e Aristóteles marca já no fundamento do atomismo um princípio antiontológico: Demócrito afirma, com efeito, finalmente "que o ente não é mais que o não-ente".[127] O enunciado inicial amarra assim o princípio de indiferença – "não mais que"[128] – em sua aplicação à ontologia, a uma prática discursiva: sobre o fundo do nada, o que resta do ente, o "ada" que é, dessa vez, ao pé da letra, um menos que nada, só tem existência e sentido no e pelo discurso, como diferença vibratória. Do mesmo modo, a única qualidade positiva atribuível ao átomo é aquela que interdita toda outra atribuição, até mesmo no moderno princípio de incerteza: a velocidade, característica do movimento.[129]

---

[127] *Met.*, A 4, 985 b 8.

[128] O contexto imediato da citação, que põe, aliás, em relação Demócrito e o sofista Protágoras, repete por três vezes este "não mais que" (*ou/mè mallon*) e o aplica, exatamente como no tratado, à "talidade" das "coisas efetivas": "cada uma das coisas não é mais tal do que tal" (*ibid.*, 12-15).

[129] Inversamente, o movimento sempre foi um incômodo para a consistência do ente. Por isso, nós conservamos no interior do *Tratado* o caráter excepcional do predicado (cf. *G.*, 8.).

7. Discurso da física e física do discurso

Essa evocação do atomismo permite precisar a diferença entre fala [*parole*] e discurso. A fala, cujo modelo é o *Poema* de Parmênides, diz o ser. E como o ser não cessa de se furtar ao se deixar dizer, ela diz o ente e os entes, ela diz algo em vez de nada, e acaba por produzir regras de consistência desse algo sob a forma dos princípios lógicos. O desvelamento se fecha em não-contradição, e a verdade se torna adequação entre um dizer e um ente, ambos não contraditórios. A fala que diz assim o ente em seu brotar como *phusis*, e depois como objeto da física, é finalmente, desde o poema primeiro "Sobre a natureza ou sobre o ente" até à física e a metafísica constituídas como ciência, um discurso da física.

O discurso sofístico, ao contrário, se apresenta essencialmente como não tendo nada a dizer e, através disso, lhe acontece de não ter nada a dizer. Ele é autárquico, autossuficiente. Porque ele simplesmente é e não é nada além de discurso, todo o resto "é" simplesmente seu efeito; os objetos são produtos lógicos, em particular os sujeitos de enunciados: há carros sobre o mar se e somente se "há carros sobre o mar", assim como os sujeitos que os enunciam são o produto de suas enunciações: o dizente diz um dizer, e só tem ser a partir dessa prática anônima. A autonomia do discurso se marca pela potência de sua instância significante; não, mais uma vez, porque ele significaria algo, tal como Aristóteles o define, mas porque se trata nele do significante, na acepção moderna do termo que remete à boca e à orelha, aos sons, aos fonemas e à literalidade. O discurso não significa, ele se faz ouvir e até mesmo: "só há o ouvir".[130] É assim que o sofista joga com o significante, em seu equívoco e em sua linearidade. O discurso se diferencia, portanto, da fala pelo fato de que ele

---

[130] Cf. *G.*, 10., 23.

não poderia ser um dizer da física, a não ser enunciando-o como um dizer entre outros, não mais verdadeiro nem falso que um outro. A maior verdade da física, e isso é sugerido pela frase de Demócrito, seria ser uma elaboração segunda desenhando um mundo à imagem do discurso, compondo a partir do discurso e por meio do discurso um equivalente físico do discurso: o átomo não seria então nada além da ficção – efeito e fixação – física do discurso em sua intimidade significante, para a qual essa irredutível invenção do "ada" chama a atenção.[131] O atomismo, longe de ser um discurso físico entre outros, toma de empréstimo o discurso da física e o tema da ontologia para reconduzi-los à sua única verdade: não ser nada ontológico, mas um menos que nada ontológico.

A relação entre fala e discurso é complexa, como aquela entre ontologia e logologia. O discurso pode parecer, de início, tão poemático quanto a mais poemática das falas: o poema, a partir do copertencimento do ser e do pensar em seu dizer, faz ser o ser que ele desvela, assim como o discurso confere algo como o ser a seus efeitos. Discurso e fala se caçam então um ao outro, pretendendo cada um a totalidade da cena. Se o discurso faz aparecer a fala como um discurso entre outros, aquele que escolheu sustentar a ficção do ser, a fala, por sua vez, ganhando força de origem uma vez que ela é enunciada, obriga toda prática discursiva a não ser senão um jogo insuficiente e perverso. O personagem do sofista, como o do atomista, é desenhado pela ontologia: aos sofistas faltam raízes – eles não demoram na casa do ser; são estrangeiros errantes, uma raça de "bárbaros",[132] que não fala grego, língua da presença e do desvelamento, mas, nomeada a partir da onomatopeia, fazem

---

[131] Essa interpretação absolutamente original do atomismo deve-se a Heinz Wismann, que a defendeu em um certo número de seminários, assim como no artigo citado, insistindo na relação entre átomo e fonema/letra.

[132] Aristófanes, *Os pássaros*, 1700 (82 A 5 a DK, t. II, p. 273, 1. 34).

apenas "blá-blá-blá". Tal como Leucipo, que nasceu em Eleia, em Abdera ou em Mileto, e só tem talvez existência de nome, tal como Górgias que "gorgianiza", eles são eles próprios efeitos de discurso, e seu nome por si só atrai multidões de ouvintes, *voyeurs* do discurso. Pois os sofistas são "ventrelínguas",[133] eles têm o ventre na língua: discorrer – propalar o significante – e se deixar assim discorrer os faz gozar e os faz comer. Eles recebem uma indenização cujo escândalo tem a ver com o fato de que ela provém do seu discurso: nada de guardar ou de se encarregar do ser por uma fala que seria como a sua casa, nada da constituição de um tesouro, mas uma pura despesa, um fluxo de energia, um ato, como o *potlatch* descrito por Georges Bataille e que constitui uma "parte maldita" perturbando a economia. Assim, a restituição é ambígua e manifesta um reconhecimento da despesa, mas ao mesmo tempo a faz entrar na ordem, remunerando sua estranheza; o sofista se arrisca a perder aí sua reputação e parecer, se nos perdoarem o jogo de palavras, não tanto peripatético da *energeia*, praticando a soberania do ato, quanto uma prostituta que faz o *trottoir*,[134] cujo gozo pago se reduz a um prazer do órgão: fazer barulho com sua boca. A fala parece assim vencer o discurso em seu próprio jogo uma vez que, se nada é e se o discurso é a única prática ontológica possível, então basta que o sofista fale para que "seja", estando bem entendido que esse ser, que é não mais do que não é, é insuficiente, negligenciável e decadente para um autêntico filósofo. O personagem do sofista é então encurralado até em sua própria prática: também o admirável Crátilo não abria mais a boca, contentando-se em mexer o pequeno dedo, com medo de ser preso na palavra. Por isso,

---

[133] *Ibid.*, 1695 s.; 1702 s.
[134] Jogo de palavras impossível de ser traduzido. Em francês, *péripatéticienne*, que vem do grego *peripatein*, "passear", significando, em francês, a partir daí, "prostituta, mulher que faz o *trottoir*". (N.T.)

diz Bataille, "uma dilapidação de energia é sempre o contrário de uma coisa, mas ela só entra em consideração ao entrar na ordem das coisas, transformada em coisa".[135]

De maneira simétrica, o discurso utiliza, contra a fala, as próprias armas da fala. Ele não tem outra consistência que aquela que o domínio exacerbado das regras da fala lhe confere e se funda exclusivamente na lógica elaborada, a partir da ontologia, pela própria ontologia. Mas ele as toma, por sua vez, ao pé da letra e leva até o fim a identidade, a não-contradição e a exigência de dar razão; ele aplica a lei sem limite e sem restrição, isto é, sem levar em conta nuances, domínios, exceções simplesmente costumeiras ou evidentes e que não são explicitamente tematizadas por ela; ele ultrapassa a pegada do adversário, como um bom judoca que sabe utilizar a força do outro; ele leva até o fim o regramento, como os aduaneiros que fazem greve e bloqueiam assim os viajantes como toda a administração das aduanas; bloqueando em toda legalidade as leis da fala, ele desbloqueia a possibilidade do discurso e lhe permite, nós o vimos, "desbloquear". A sofística torna manifesto que uma catástrofe, uma revolução, não têm lugar a partir do fora, que uma instituição não cai como uma cidade sitiada, mas apenas desde dentro, por esgotamento da lógica do sistema.

O sofista pratica assim uma técnica de ponta, uma tecnologia avançada, cujo modernismo não pode mais nos espantar. Mesmo uma descrição lógica detalhada e adequada dos procedimentos sofísticos só poderia talvez ser fornecida por formalizações totalmente contemporâneas. A "mereologia", por exemplo, estabelece uma lógica rigorosa que repousa no equívoco de "é", a partir de sua identidade em todas as ocorrências. Por sua vez, a lógica "intuicionista" mantém

---

[135] *La part maudite*, Paris, 1949, p. 79.

uma diferença irredutível entre afirmação e negação de uma negação, precisando, por outro lado, as noções de "sustentável" e de "contestável" a tal ponto que a única prova de falsidade consiste em uma repetição em um ponto nomeado disso que o adversário já disse, práticas com as quais Górgias e o Anônimo nos acostumaram amplamente. A sofística está ficando na moda, porque ela desdobra os paradoxos implicados na lógica dita clássica e limpa assim o terreno, propõe até mesmo um modelo para outros tipos de práticas significantes.

Essa moda não é separável de uma visada, a partir de Heidegger, da ontologia como tal. Mas, com a sofística, não se trata de nenhuma lenta meditação da origem, de nenhum passo atrás. O sofista, é claro, não cumpre nem desconstrói a metafísica; ele não poderia tomar a diferença ontológica por tema explícito, seu "nada é" não se efetua com uma regressão desde "o ente é" até "o ente não é (ente)", que faria ouvir que apenas "o nadificar do nada" é o ser.[136] Ele empurra, antes, a origem com toda a velocidade, a velocidade do discurso e do átomo, em direção a seus excessos, suas realizações mais esgotadoras; seu "nada é" – e o discurso é esse nada – é, muito antes, esse resultado de uma tecnicização furiosa da fala e do pensamento, que, como técnica de ponta, destranca os constrangimentos medíocres da técnica ambiente.

Enfim, o *Tratado do não-ser* tem isso de particularmente notável: que ele não é apenas discurso, mas discurso sobre o discurso, ou, antes, discurso do discurso, praticando uma teoria da prática. Como uma *phusis* invertida, em vez de crescer e de se enriquecer, ele se dá de saída a velocidade e a despesa máximas: "nada é"; depois, ele se reduz com recuos sucessivos: "se é, é incognoscível" – não há nada a dizer –, "se é e se é cognoscível, é incomunicável" – não há ninguém

---

[136] Cf. *Questions IV*, "Seminaire du Thor 1969", Paris, 1976, p. 296 (*Vier Seminare*, Frankfurt, 1977, p. 99).

a quem dizê-lo. Essa "coisa" na qual necessariamente a "dilapidação de energia" constituída pelo *Tratado* se transforma é portanto ainda nada: nada além de discurso, e cada vez menos, como a curva decrescente que ele descreve, que o descreve. E é preciso que nada seja, que a fala, a física, a ontologia se desencadeiem, para que o discurso possa ser tomado em consideração enquanto tal, enquanto esse nada, esse menos que nada, que ele é e que é o ser. A fim de que ele não seja então reificado ou, o que dá na mesma, a fim de que a fala não vá repetindo que o sofista só se ocupa do não-ser e do acidente, é preciso que o discurso não cesse de ser praticado, repetido, deslocado, rediscorrido, ainda mais, mais, mais, e é o que faz o Anônimo.

A citação generalizada

1. Repetição doxográfica e repetição sofística

O Anônimo, portanto, repete Górgias, até o ponto em que as vozes deles se confundem no final. Trata-se nessa repetição da essência do discurso sofístico – repetição catastrófica da ontologia e que não pode nem deve se resumir, mas apenas se enunciar de novo –, ao mesmo tempo que da essência do discurso doxográfico.

A doxografia, tal como ela se apresenta, e tal como a utilizamos habitualmente, é, com efeito, ela também, essencialmente repetitiva. Mas a repetição que se lhe atribui não é certamente de tipo sofístico ou catastrófico: é uma repetição puramente escolar, ao mesmo tempo sábia e desajeitada, constitutiva da transmissão e da tradição. O *De M.X.G.*, classificado de maneira unânime dentro do gênero doxográfico – espécie: doxografia tardia; indivíduo: doxógrafo pouco dotado e pouco escrupuloso –, pareceu, no entanto, na ocasião de uma análise das repetições de Parmênides por Melisso, Xenófanes e Górgias, depender de uma repetição de outro modo delicada e subversiva. Essa discordância envolve uma série de questões: a apreciação tradicional da repetição doxográfica é suficiente?

Senão, como se deve pensar a doxografia, e quais são as relações exatas entre repetição doxográfica e repetição sofística?

2. O fim da doxografia

"Doxografia": escrita de opiniões. No começo, a fala: os dizeres dos primeiros filósofos, que, se foram emitidos, não foram jamais escritos. Pois, desde Platão descrevendo a posteridade das Musas da Jônia e da Sicília, desde Aristóteles, quando ele faz as históricas física, metafísica e celeste de todos aqueles que não pensavam ainda como ele, esses dizeres se transformam em *doxai* ou resumos de doutrina, e se transmitem através de uma série de textos doxográficos sem a qual nada, quase, se saberia hoje da filosofia pré-platônica.

A doxografia antiga propõe conteúdos numa primeira abordagem codificados e invariantes; mas ela os inscreve em horizontes de inteligibilidade diferentes, e essas mudanças de significação influem em retorno sobre os próprios resumos, podendo produzir, como por elaboração secundária, uma *doxa* nova incompatível com o estereótipo precedente. Três horizontes maiores condicionam, embora em níveis diferentes, o material que nos chegou. A orientação mais fundamental é sistemática; ela hierarquiza as doutrinas segundo uma grade de questões e uma escala de valores platônico-aristotélica, adotada de início por Teofrasto, o sucessor de Aristóteles à frente do Liceu, e à qual se liga a proliferação ulterior dos manuais escolares. Em um plano mais literário, a tendência biográfica solidifica e precipita a teoria em uma unidade pragmática da "vida"; ao termo de uma evolução, que é inútil retraçar aqui, Diógenes Laércio conjuga as duas tendências em suas *Vidas, doutrinas e sentenças dos filósofos ilustres*[137] que dizem tudo sobre todos, dos Sete Sábios a Epicuro. Enfim, o

---

[137] Acessíveis em francês na tradução aproximativa de Robert Genaille, Paris, 1965.

jogo dos horizontes vai dar em si mesmo, entre outras leituras, em uma relativização de tipo cético se manifestando de início no seio mesmo da Academia, antes que um cético de linhagem pirroniana como Sexto Empírico, o outro citador do *Tratado do não-ser*, se sirva disso para justapor a diversidade das opiniões e tirar dela argumento contra a existência de um critério do verdadeiro.

As coisas ficam nisso durante séculos. Até que Leibniz abre, com o princípio do melhor, a dimensão do progresso histórico, progresso da razão que se eleva, de uma configuração provisória à outra, até a transparência máxima. É nessa perspectiva, aquela mesma das Luzes, que Brucker publica em 1742 sua *Historia critica philosophiae*, na qual a tradição doxográfica é pela primeira vez retomada a fim de ilustrar o encaminhamento da razão universal. Ela fornece seus materiais aos grandes historiadores da filosofia do fim do século XVIII, serve, através de Tiedemann e Tennemann, ao projeto dessa Doxografia do Espírito que é a *Fenomenologia* de Hegel, e alimenta até no detalhe as *Lições sobre a história da filosofia*.

Mas quando, no século XIX, o devir histórico se autonomiza, o sistema cessa de fornecer o horizonte de inteligibilidade: a sucessão regrada pelo conceito dá então lugar à causalidade das influências reais. Zeller, que descreve em um afresco positivo "a filosofia dos gregos em sua evolução histórica",[138] se interessa muito naturalmente pelo jovem Diels quando este aplica esse tipo de causalidade, não mais como ele, à história das ideias e à sucessão das doutrinas, mas ao instrumento mesmo que fornece as informações, à doxografia propriamente dita.

Com o aparecimento das duas sumas sem as quais nenhum filólogo e talvez nenhum filósofo poderia passar, os

---

[138] É o título da obra clássica de Edouard Zeller, *Die Philosophie der Griechen in ihrer geschichtlichen Entwicklung* (primeira edição, Leipzig, 1853).

Doxographi Graeci em 1873 e *Die Fragmente der Vorsokratiker* em 1903,[139] uma verdadeira mutação se cumpre. Diels, com efeito, põe definitivamente fim ao jogo doxográfico, à proliferação das interpretações e das reinterpretações dos resumos antigos. A *doxa*, na distância mesma que separa a fala viva do resumo de doutrina, se definia inteiramente por uma oscilação entre interpretação e repetição: a partir de Diels, a repetição determina todo o seu valor e ganha lugar de norma. Como um homem no fim da sua vida a quem Diels os compara, os doxógrafos, retardatários que vieram depois dos sistemas de Platão e de Aristóteles, só teriam tido que compilar. A doxografia se levantaria, mais noturna que a coruja, como o tédio com o fim, ou um primeiro fim, da filosofia: Hegel vai dar as cartas depois do último ponto colocado em sua última obra, os doxógrafos escrevem. Também os prefaciadores são de um despeito unânime: "(Sexto Empírico) repete à saciedade o que se compreendeu imediatamente... Como em todos os escolásticos de qualquer época, isto é, em todos aqueles que repetem o pensamento dos outros, há, nesse deserto, alguns oásis com os quais nos surpreendemos... Mas não sentimos jamais a ascendência de um grande espírito, jamais uma iluminação, jamais um grito. Isso destoaria, aliás, nessa confusão".[140]

Desde então, não há mais senão uma única construção possível: a que descreve a filiação historicamente exata, real, que Diels elabora em seus *Doxógrafos*. As divergências e as contradições entre *doxai* são doravante imputáveis ora aos próprios sistemas transmitidos – nada de espantoso no fato de que Xenófanes, se ele afirmava que o deus não é nem limitado nem ilimitado, tenha dado origem a duas tradições igualmente parciais, seja limitado, seja ilimitado, para dissimular

---

[139] *Doxographi Graeci*, quarta reimpressão em 1965; mas os *Fragmente* são também um sucesso de livraria: 13ª reimpressão da 6ª edição em 1968.
[140] Jean Grenier, *Oeuvres choisies de Sextus Empiricus*, Paris, 1948, p. 17 s.

a dificuldade do enunciado primeiro; ora, muito mais frequentemente, apenas às insuficiências da transmissão, que se trata de reduzir duplicando a problemática das fontes com um método comparativo. Assim, é preciso, segundo Wiesner e para nos ater ao *De M.X.G.*, que o Anônimo "recopie, por razões quaisquer, [um] argumento logicamente menos justo"[141] sobre uma fonte eleática tardia, travestindo o valor desigual dos documentos, e os suture com desajeitadas transições. Essas pessoas só sabiam repetir e se repetir, elas não pensavam, e nada de mais cansativo do que a ausência de pensamento. Com exceção precisamente dessas migalhas de pensamento que travestem, por instantes, a pura repetição – acontece até mesmo ao tédio ser infiel.

Através disso, o edifício de Diels não é mais posto em questão. Sua força incontestável, inevitável, tem a ver com o fato de que ele permite enfim, e apenas ele, se apropriar com um zelo antiquário do *corpus* abundante dos textos a fim de encontrar aí uma identidade: a das doutrinas originais. Certamente, tal ou tal conclusão podem ser melhoradas ou refinadas; mas o interesse positivo da doxografia lhe é, com Diels, atribuída de uma vez por todas: é uma repetição de informações cujo valor, exatamente como a de um manuscrito, é função tanto da proximidade com a origem quanto da neutralidade ou do apagamento dos intermediários, copistas-doxógrafos.

3. O fantasma da doxografia

Enquanto permanecermos nessa perspectiva, os juízos feitos sobre o Anônimo e sobre o tratado, desde Diels até Wiesner, permanecem efetivamente os únicos possíveis, senão em suas conclusões precisas, aliás variáveis, ao menos em seu método e em sua maneira, simplesmente idênticos. A fim de escapar disso, é preciso reativar o jogo doxográfico, liberando

---

[141] *W.*, p. 306.

a singularidade dos horizontes, e reanimar as interpretações antigas, aquela, portanto, que o Anônimo propõe de Melisso, Xenófanes e Górgias, até mesmo da doxografia. Mas, para chegar a isso, para colocar realmente entre parênteses essa redução à informação e atribuição histórica que Diels impõe com tanta força, e na falta de poder aqui produzir uma teoria crítica da historicização das manifestações do espírito, uma redução de outro tipo, mais fenomenológica ou mais ingênua, não parece sem eficácia. Trata-se de considerar a obra de Diels mais de perto, ou com um outro olhar, que poderia ser, com toda ficção, aquele do próprio Anônimo: ela exibe, com efeito, como que apesar dela, os traços do que foi outrora o jogo doxográfico, e convida assim a retomar os lazeres do sentido sob a positividade dos fatos, a regressar para algo como a essência da doxografia.

Doxographi e *Fragmente* tentam, ambos, reconstruir um texto perdido: os *Doxógrafos*, aqueles do doxógrafo-origem, Teofrasto, e os *Fragmentos*, aqueles dos filósofos-origem, que o texto de Teofrasto, já que ele tratava deles, contribuiria para esclarecer. De um livro ao outro, Diels distingue do joio tardio das opiniões, reorganizadas por temas na primeira parte (A) consagrada aos testemunhos, os grãos da verdade, a aurora das citações, recolhidas na parte nobre (B), e estratos dos próprios citadores às vezes doxógrafos. De tal modo que, em um livro como em outro, a finalidade das *doxai* é, feito todo o cômputo, a citação: citações do primeiro doxógrafo, depois citações dos primeiros filósofos. O primeiro livro é causa material do segundo, mas o segundo age como causa final do primeiro; ou, antes, trata-se de uma finalidade já encaixada: a origem tem nos *Doxógrafos* o papel de um princípio absolutamente filosófico.

Mas, se o texto perdido dos pré-socráticos deveria poder se apoiar, fragmento após fragmento, no texto perdido de

Teofrasto, o texto perdido de Teofrasto deve, por sua vez, ser extraído fragmento após fragmento de outros textos perdidos. A forma moderna do fantástico, diz Borges, é a erudição.

Diels, nas 263 páginas dos "Prolegômenos" latinos que introduzem seus *Doxógrafos*, dá sustentação a essa perda em cascata. Mas, primeiro, ele põe como epígrafe uma frase de Cícero: *Tardi ingeni est riuulos consectari, fontes rerum non uidere*, "o espírito tardio deve seguir os riachos sem ver as fontes das coisas". E depois uma carta a seu mestre, de Hermann Diels a Hermann Usener: *Non mirabere, praeceptor carissime, a Tuo nomine quod auspicatum uolo hoc Doxographorum volumen. Tuum enim est quod iam Tibi reddo neque id uno nomine Tuum...*, "Tu não te espantarás, Mestre muito querido, que eu queira os auspícios de Teu nome para este livro dos *Doxógrafos*. Pois é Teu o que a Ti agora eu devolvo, e não é Teu apenas pelo nome...". Ainda que todo latim soe, ainda por um tempo, a nossos ouvidos, algo eclesiástico, jamais um tratamento por Tu com maiúsculas, profano, evocou tão fortemente nosso pai. Usener não é apenas *Doktorvater*, o "pai no doutorado", orientador da tese de Diels, mas propriamente fonte, já que Diels retoma o doutorado de Usener, defendido 21 anos antes e que tratava de Teofrasto. O discípulo é transido pelo mestre ao ponto de querer escrever "Diels : 'Usener'", com o nome como marca do discurso inteiro. Ora, é disso que se trata, a epígrafe é isomorfa ao livro.

Das obras em número considerável de Teofrasto, cuja lista, ou, antes, suas diferentes versões, ocupa muitas páginas do quinto livro das *Vidas* de Diógenes Laércio (V, 42-50), não nos chegou "diretamente" senão um fragmento de uma dentre elas, destacado desde a época alexandrina: os 91 parágrafos do *Tratado das Sensações*.[142] Todo o resto se desenha apenas através da reconstituição Diels-Usener, resto com o qual,

---

[142] *Doxographi*, p. 499-527.

por uma suposição eficaz, eles modelam uma única obra a despeito da diversidade dos títulos transmitidos: as *Opiniões dos físicos*,[143] que, inspirando-se em seu mestre divino e deixando de continuar a pensar, Teofrasto teria armazenado para as gerações futuras. A restituição dos riachos a essa fonte já coletora procede de perda em perda: importa perder tudo o que difere para fixar uma identidade, por mais que ela se torne uma pele de tristeza.[144] O primeiro capítulo é seu modelo: face a face, editados em duas colunas, de um lado, o *Compêndio das opiniões* de Plutarco; do outro lado, o primeiro livro das *Éclogas* de Estobeu, escritas ao menos dois séculos mais tarde. Ao contrário, o ponto de concurso entre Plutarco e Estobeu, o que resta de Aécio, só aparece, sobretudo, como um branco entre duas colunas paralelas, e um nome fora do texto. "Aécio" é um desconhecido, pouco mais que uma hipótese de Diels.[145] Quanto ao texto mesmo destes *Placita*, uma série de operações que têm a ver com trabalho de cirurgião, de detetive e de moralista permite sobretudo falar deles: Diels imagina sua forma após ter compilado os membros deslocados e mal aglutinados para reduzi-los à ordem correta, contando com a preguiça dos copistas e frustrando as fraudes e os artifícios dos compiladores.[146]

Todavia os *Placita* de Aécio, que, se datamos do primeiro século, não são, tendo em vista novas concordâncias, senão vestígios de um texto ainda mais perdido: os *Vetusta Placita*, escritos na época de Posidônio, dos quais não se sabe dizer nada senão que foram escritos. Resta ainda procurar a fonte dos

---

[143] *Ibid.*, p. 475-495; cf. "Prolegômenos", p. 102-118.

[144] Referência à obra de Balzac, *La peau de chagrin* (1831), uma espécie de fábula sobre um jovem desesperado que encontra uma pele de animal que prometia grande poder e riqueza. (N.T.)

[145] "Prolegômenos", p. 48 s.

[146] Cf. "Prolegômenos", p. 69.

Vetusta Placita, para ler ali talvez o simulacro do monumento teofrástico – o que depende, com a própria confissão de Diels, da "rabdomancia".[147] Assim se compõe a cadeia divinatória: Plutarco/Estobeu: "Aécio: "*Vetusta Placita*: 'Theofrasto'". E nós só temos Plutarco/Estobeu, que retomavam Aécio, que retomava os *Vetusta Placita*, que se inspiravam talvez de Teofrasto: como se o aparecimento de um novo elo assinalasse ao mesmo tempo a perda do precedente.

Resta, no interior dessa estrutura fantasmática, estabelecer o texto teofrastiano em sua literalidade, colocar essas aspas flutuantes no interior do texto. Pois elas estão ausentes do grego, ausentes, certamente, pela falta de uma impressão Guillaume[148] para colocá-las ali, mas ausentes até no mais profundo da frase citada, modificável, culpável e suturável para que sua sintaxe, senão seu sentido, esteja de acordo com o contexto segundo os modos antigos da citação.[149] Diels faz as letras gregas se afastarem com um branco mais consequente, para assinalar, através desse equivalente de itálico ou de sublinhado, que aqui Teofrasto fala. Ele o faz no ponto oportuno, mais exatamente *nominatim*,[150] isto é, quando o

---

[147] *Quo magis a compilatorum aetatibus ad ipsos fontes adscendimus, eo difficilior fit quaestio et plenior dubitationis. A Plutarcho enim et Stobaeo certa ratione ad Aëtium transgressi sumus, dein coniectura probabili uetusta Placita ex reliqua electorum turba secreuimus. Nunc uero etiam ulteriora petituris maximo opere cauendum est ne divinationis aestus ad eam nos deuehat oram, "quam somnia uulgo tenere ferunt"*, "Quanto mais remontamos da época dos compiladores às fontes mesmas, mais difícil se torna a questão e mais cheia de dúvida. Pois de Plutarco a Estobeu, nós passamos, por uma razão segura, a Aécio, e depois, por conjectura provável nós separamos os antigos *Placita* da multidão restante de extratos. Mas no presente, se nós tentamos progredir mais, é preciso com o maior cuidado ter atenção para que o fogo da adivinhação não nos transporte para esse rio *que se diz habitado pelos sonhos*" ("Prolegômenos", p. 214 s.).

[148] Guillaume Vandive (1680-1706), impressor e livreiro. (N.T.)

[149] Ver *infra*, p. 128 s.

[150] "Prolegômenos", p. 132.

nome de Teofrasto aparece. Mas um ponto não tem extensão, e é bem aí que está o problema. A partir de onde e até onde afastar? Os "Teofrasto diz que" ou "como parece a Teofrasto" oferecem, para toda certeza local, aquela, inversa, de que essas palavras, a menos que ele não tenha tido de tempos em tempos uma escrita cesariana,[151] não são dele. Erros, interpretações tendenciosas ou tardias, serão igualmente glosas de citadores: essas bruscas interrupções de caracteres juntos não envolvem nada menos, sob a autoridade de Diels, que a história da filosofia inteira e sua história. Inversamente, toda passagem admirável (*quanta est rerum grauitas, ordinis concinnitas, iudicii sagacitas*) cheira imediatamente a Teofrasto (*nec fieri potest quin illico Theophrasti quasi quendam saporem sentias*, "Prolegômenos", p. 163). O único critério da origem é a excelência. O único critério da excelência é o juízo de Diels. E o juízo de Diels é, quem sabe, muitas coisas, em suma.

Ora, dentre os 23 fragmentos que Diels, retomando literalmente a segunda parte da tese de Usener, edita como vestígios das *Opiniões* de Teofrasto, duas somente provêm de uma colocação entre aspas da cadeia propriamente doxográfica descrita no primeiro capítulo: três linhas sobre o sol em Xenófanes (fragmento 16) e duas linhas sobre a lua em Anaxágoras (fragmento 19). Os outros são muito exatamente irrupções laterais no interior de obras tendo elas mesmas uma consistência autônoma explícita: não mais florilégios ou compêndios, mas comentários sobre uma obra (Proclo sobre o *Timeu* de Platão, Alexandre de Afrodísia sobre a *Metafísica* de Aristóteles), obras científicas (Galeno), de proselitismo (Hipólito, bispo de Roma; os padres da Igreja). Dentre todos o mais precioso, rico de quase a metade dos "Teofrasto diz que", o comentário da *Física* e do *Céu* de Aristóteles, que devemos

---

[151] "Cesariana" no sentido de "como a de um César romano, ditadora, tirânica". (N.T.)

ao neoplatônico Simplício, polemizando com três séculos de intervalo contra Alexandre de Afrodísia e seu comentário imanente: ele cita, para convencer o leitor do erro de seu adversário, mas, é claro, também para nós, extensos extratos de filósofos pré-platônicos e de Teofrasto, extratos dessas obras perdidas para todos desde o início da nossa era e presentes por milagre em sua biblioteca. Dessa vez, se a falta de jeito, a falta de graça e até mesmo a preguiça costumeiras a uma repetição sólida se velam, Diels se esforça para discernir as deformações voluntárias, contragolpes dissimulados da tese polêmica, efeitos da *amentia* ou da *impudentia* de um Simplício feroz. Tudo se passa como se, enquanto o número de aspas intermediárias diminui, a lateralização fizesse temer os piores desvios.

Teofrasto, "primeiros lábios", é assim duplamente abordado: o fantasma de seu *corpus* é evocado através da cadeia de aspas engarrafadas que vai de Plutarco e Estobeu às fontes dos *Vetusta Placita*. Além disso, fragmentos em carne e osso, relíquias, são arrancados de contextos heteróclitos e violentos. Os *Doxógrafos* aplicam ao próprio Doxógrafo a bipartição entre testemunhos e fragmentos autênticos que os *Fragmentos* sistematizarão. O trabalho filológico, juntando busca da origem e desconfiança genealógica, não desfaz, no entanto, o imbróglio entre repetição e interpretação, nem entre *doxa* e citação. Ele faria, antes, gerar uma volta a mais no paradoxo. Ele busca identificar, mas essa identificação só é garantida por uma identidade, a identidade textual da citação; a citação, garantida, por sua vez, pelo nome, depende de um trabalho de construção, que a produz sempre apenas como resto das diferenças. Ora, entre doxógrafos por essência, compiladores que primeiramente repetem o mestre, e doxógrafos por acidente, escritores que primeiramente interpretam nesse sentido de que eles querem fazer o outro dizer mas pela própria conta deles, os efeitos invertem os fins. Pois a cadeia escolar das aspas, própria para garantir a pureza da fonte pela neutralidade relativa dos riachos, vai dar, remontando, apenas em uma citação nula, tão difusa que ela é inatribuível: há tão pouco "texto" de Teofrasto tirado da cadeia dos *Placita* quanto textos pré-socráticos tirados de Teofrasto. A fonte, no final, não dá em nada, e um testemunho é isso – e em função disso, os doxógrafos por essência informam sempre mas apenas doxograficamente sobre Teofrasto. Em face disso, sem falar de todas as posições intermediárias efetivamente ocupadas, acontece que os doxógrafos por acidente, tal como Simplício, informam muitas vezes "gramagraficamente" sobre Teofrasto. A reconstrução de Diels ensina que a repetição, cujo objetivo é a fidelidade, nadifica seu texto, enquanto a citação lateral retém legivelmente um texto, mas o retém fora de si.

No interior do *De M.X.G.*, podemos assim distinguir as citações laterais que têm o papel de simples fiadores da posição crítica então sustentada, leque limitado composto de alguns extratos de Hesíodo, de Parmênides e de Empédocles,[152] reproduzidos para fins diferentes, até mesmo contrários: em concorrência com aquelas tiradas de outros contextos, elas servem efetivamente ao estabelecimento dos autores; e a parte doxográfica propriamente dita, que se apresenta como uma citação direta das teses de Melisso, Xenófanes e Górgias: é notável que o *Sobre Melisso* e o *Sobre Xenófanes* só figurem como testemunhos sobre esses autores, isto é, na rubrica A nos *Fragmentos*, enquanto eles entram a título de citadores efetivos no que concerne aos outros filósofos, em particular para Empédocles; quanto ao *Sobre Górgias*, diferentemente da versão de Sexto, ele não é aí sequer editado mas apenas mencionado como testemunho sobre o sofista.

Assim a doxografia é o objeto filológico que responde pelo ideal de uma transmissão integral por repetição pura.

---

[152] Cf. *M.*, 11. E 27 para Hesíodo; *M.*, 16., 24. e 28. para Empédocles; *M.*, 21. e *X.*, 14 para Parmênides.

O doxógrafo ideal não se distingue do copista ideal, o qual é sempre, ele próprio, apenas um perfeito impressor tendo por máquina uma mão adequada, através da qual bastaria ao filólogo ser um simples leitor, e nem mesmo míope e ruminante. A mudança de mão produz uma cópia, a retomada doxográfica produz uma citação, mas, na transmissão efetiva, a letra é falível e a citação inexata, até mesmo nula: há a *doxa* tal como ela é no texto doxográfico e a citação tal como ela deveria ser aí, tal como o filólogo pretende reconstruí-la. É, desde então, manifesto que a prática de Diels e sua concepção da repetição doxográfica são inadequadas à visada delas. Para pinçar o fato, Diels só encontra a sua sombra, o traço acidentado, quase nada. Seu erro metódico produz uma doxografia fantasmática, ao mesmo tempo realidade esquelética da transmissão efetiva e evocação do espírito doxográfico que reclama uma justiça menos diligente.

4. A reificação do sentido

Mas é sem dúvida a própria doxografia que a induz sozinha a um erro como o de Diels: é bem verdade que ela se apresenta como uma coleção, um tesouro em que tudo está consignado e conservado para a posteridade. Também é preciso que se interrogue os pretensos fatos transmitidos pela doxografia, resumos ou citações de enunciados originais e narrativas detalhadas das vidas com datas, eventos, número e título das obras.

De maneira flagrante no que concerne às vidas, as repetições são divergentes, contraditórias entre si, cada uma contraditória até consigo mesma. Para tomar o caso de Xenófanes, quando ele nasce antes de Parmênides, é porque ele é, como em Aristóteles,[153] o primeiro a "unar", isto é, o mais grosseiro e o mais primitivo dos eleatas: o mais

[153] Cf. *Aristóteles*, *Met.*, A 5, 986 b 18 s. (21 A 30 DK).

distante da verdade aristotélica; quando ele nasce depois, como em Simplício,[154] é porque ele entra em uma taxonomia totalmente diferente, que reparte, na ocasião, os que defendem a pluralidade e aqueles que defendem a unidade do princípio em relação à imobilidade e ao movimento, e daí à ilimitação e à finitude. Também o fato, data de nascimento, não é um fato, mas o resto de uma operação complexa: a reificação de um sentido. Não se deve tratá-lo cronologicamente, historicamente, positivamente, mas entendê-lo como uma ficção, uma interpretação, e até mesmo uma interpretação de interpretação, e interpretá-lo. Assim, as versões diferentes de uma mesma vida ou de uma mesma doutrina, no seio de um mesmo texto, assim como de texto a texto, só são avatares inerentes ao desperdício da informação e lapsos de inatentos ao se tomar avatar e lapso como os sintomas que eles são. E não existe talvez sequer uma linha em toda a doxografia que não se deva ler com essa ótica.

A diferença entre as repetições se complica com uma tecedura, caricatural graças a Diógenes, na qual não há um só fio de anedota – entendam-no como as narrativas de um sonho – que não seja ficção significante. Tales, por exemplo, não é nada além do sujeito da enunciação: "água"; "ele supôs que o princípio de toda coisa era a água",[155] e através disso, é à sabedoria de Tales que o povo de Mileto ofereceu o achado de um precioso tripé trazido nas redes de pescadores,[156] Tales, que, "tendo saído de casa para contemplar os astros, caiu em um buraco", o poço do *Teeteto* de Platão,[157] e "morreu de fraqueza olhando para os jogos de ginástica por ter sentido calor e sede...".[158] O nome próprio "Tales" é a ruga doxográfica

---

[154] Cf. *Sobre a Fís.*, p. 22, 26 s. (21 A 31 DK).
[155] Diógenes Laércio, I, 27.
[156] *Ibid.*, I, 28.
[157] *Teeteto*, 174 a 5.
[158] Diógenes Laércio, I, 34 e 39.

na superfície da água. Pode-se dizer, conforme se queira, que é um puro nome como "Deus" ou que ele se torna nome comum, perdendo a virtude de identificar – de identificar apenas um – com certeza: também as listas de homônimos encerram em geral os capítulos das vidas, nas quais se pode aprender que houve quatro outros Sócrates, um historiador de Argos, um peripatético, um fazedor de epigramas, e o último, que compunha preces aos deuses.[159]

De maneira mais sutil, a letra de uma citação deve, ela também, ser lida não como um fato mas como um sentido. As pequenas modificações que o Anônimo propõe no interior do tratado de uma só e mesma citação de Parmênides são características do procedimento: quer se trate de estabelecer a possibilidade de uma similitude ou a de uma finitude,[160] a delimitação da citação, a sintaxe dos versos e o caso das palavras se adaptam ao contexto e à prova.

Importa, portanto, se persuadir de que o texto doxográfico, por mais escolar que seja, não é jamais, enquanto tal, um contexto anódino, de que ele tem, a cada vez, uma estrutura própria, e de que dela depende a avaliação do sentido que deve presidir toda eventual atribuição de fato. O estudo mais detalhado, e que resta a fazer, dos parentescos de estrutura não deve nos fazer esquecer que, de início e antes de tudo, a doxografia manipula sentidos e não fatos.

Que nos seja permitido, para fazer entender melhor a doxografia em labirinto significante, colocá-la em cena naquilo que é, talvez, seu primeiro teatro adequado: o *Parmênides* de Platão, que propõe com seu prólogo algo como uma doxografia da doxografia.

Céfalo, o narrador do *Parmênides*, encontra Adimanto e Glauco. Eles o conduzem até Antífon. Antífon teve relações

---

[159] *Ibid.*, II, 47.
[160] Comparar *M.*, 21 e *X.*, 14.

com Pitodoro. Pitodoro era um companheiro de Zenão, o qual ele tinha recebido em sua casa com Parmênides. Pitodoro estava lá para ouvir, era uma vez, Zenão ler as suas teses, Sócrates criticá-las, Parmênides e Sócrates dialogarem, antes que o velho empreendesse o jogo pragmatoide, escandido pelo jovem Aristóteles, de desdobrar multiplamente sua própria hipótese sobre o um. Platão escreve o que Céfalo conta que Antífon lhe disse que Pitodoro lhe tinha dito que Zenão, Sócrates, Parmênides e Aristóteles tinham, naquele dia, dito diante dele. Tal é o conto às avessas do prólogo ou programa, já que ele permite ao diálogo platônico sobre o pai em filosofia ser escrito: cada palavra emitida por Parmênides só é escrita afetada de uma elipse de quatro séries engarrafadas de aspas.

Todo fato, todo nome, é aí efetivamente ficção significante. Céfalo e seus conterrâneos, totalmente filósofos, chegam em sua terra, Clazômenas: "cabeças" que pensam, eles são da cidade de Anaxágoras, jônicos como Anaximandro, Anaxímenes e Tales. Eles vêm a Atenas, centro, que eles encontram na pessoa de Adimanto, "sem medo" como a deusa guerreira, e de Glaucon, "azul" como seus olhos; com uma falta, uma demanda: ouvir os discursos que com Sócrates dialogaram Zenão e Parmênides, os eleatas vindos do outro lado, itálico, da filosofia. Essa conversa-origem teve lugar fora dos muros, alhures portanto, na casa de Pitodoro, "dom da Delfos pítica", por onde passa a fala do deus que matou a serpente [*python*] e a deixou apodrecer no lugar epônimo. Mas ela é redita bem perto da ágora, em Mileto, no bairro populoso em que viveu Epicuro, na casa daquele cujo nome, antes de tudo, saiu da cabeça de Céfalo: Antífon, "a Réplica", com nome de sofista, que ouviu em sua juventude o diálogo único ser repetido muitas vezes, múltiplo em sua identidade, pela boca de Pitodoro. A memória de Antífon é garantida por sua atual semelhança com seu avô, Antífon. Antífon, filho de Pirilampo, é neto de Antífon. Talvez Antífon seja apenas Antífon *rediuiuus*; então, se Pirilampo, "brilho do fogo" como Zenão, supondo que ele tenha sido nomeado por Zeus, brilharia de dia ou de vida, é talvez porque o Parmênides de Platão é Parmênides *rediuiuus*, mas neto de si mesmo e filho de Zenão que ele engendrou. Cabe ao diálogo produzir um efeito sobre o Um, mas não o avô Um, o nome Um: ele incide sobre o um, filho das aporias do múltiplo zenoniano, sobre o termo matematizado e predicável. À identidade do nome entre avô e neto se acrescenta a identidade de ocupação, igualmente ambígua: o novo Antífon, adolescente filósofo, se tornou, como seu avô, homem de cavalo: o cavalo, ocupação das mais estranhas à filosofia e à narrativa demandada se não se tratasse aí de um puro domínio da boca, já que Antífon dá ao ferreiro alguns freios de cavalo para consertar.

Assim, os dois ramos da filosofia, o jônico e o itálico, o grego e o bárbaro, encontram-se em Atenas. O diálogo origem, estranho, único, mítico, a verdade mesma e no entanto já o eco de um poema anterior, se transmite repetido de boca a orelha, múltiplo como a opinião. Sua identidade é firmada pela indiferença da boca intermediária, cuidadosa da matéria, do bronze que soa ao ser forjado, e tornado muito cuidadosamente ausente do sentido. Mas esse sentido é, no entanto, necessariamente modulado por sua própria filiação: é a versão zenoniana que o amigo de Zenão transmite de Parmênides assim neto de si mesmo. Ou ainda: engarrafamento de aspas, genealogia das doutrinas, perda da origem, repetição da *alètheia* em *doxa*, identidade virada pelo pertencimento doutrinal embora formalmente estipulada por um psitacismo arriscando apenas lapsos: o prólogo do *Parmênides* é o microcosmo fictício da doxografia.

5. A letra anônima

A repetição doxográfica, reificação do sentido, tende desde si mesma a essa dissipação do fato posto em evidência por Diels contra a sua vontade. É por isso que é possível afirmar que uma tal repetição já é em si uma prática de tipo sofístico. Mas ela pode até mesmo tornar-se essa prática por si mesma, assim como o sugere o tratado. Pois o Anônimo nos faz ler a doxografia positiva exatamente como Górgias nos faz ler Parmênides: praticando-a, ele a leva a um ponto de recuo no qual a coagulação dos conteúdos doutrinais, que faz figura de ontologia, se torna o que ela é, uma volatização. Ele nos faz ler a doxografia não mais somente à maneira de Diels, como depósito de uma tradição mais ou menos deformada através de repetições escolares, nem mesmo como criação de novas constelações significantes, em si dignas de interesse e requerendo uma interpretação prévia a toda atribuição de fato, mas, mais radicalmente, como puro e simples discurso. O Anônimo pratica assim um outro tipo de doxografia, nem sistemática, biografizante ou cética, mas propriamente sofística; e essa espécie, porque ela é, ao mesmo tempo, a mais adequada à natureza fictícia do fato doxográfico, define o gênero inteiro; ela pode dar conta das mistificações engendradas pela doxografia e tornar menos ingênua a sua utilização.

O ponto comum mais marcante entre doxografia e sofística tem a ver com o estatuto do discurso. O discurso sofístico é autônomo, independente de todo desvelamento assim como de toda conformidade a um ser que não seria ele. Da mesma forma, o que se encontra escrito no texto doxográfico são sempre apenas "dizeres". O verbo doxográfico por excelência é *phèsin*, "diz ele", precisado ou não por um sujeito expresso – "Um tal diz que", "alguns dizem que" ou, frequentemente, como inciso: "diz-se". Mesmo aqui, o tratado começa, em cada um de seus três capítulos, por um discurso relacionado a um infinitivo dependendo de um "diz ele" sem indicação de sujeito, nem Melisso, nem Xenófanes, nem Górgias, que será preciso identificar, em seguida, bem ou mal.[161] A raiz *bhā-, de onde provém *phèsin*, "designa especificamente a fala como independente de quem a profere, e não enquanto ela significa mas enquanto ela existe".[162] *Phanai*, diferentemente de *legein*, por exemplo, que quer dizer "querer dizer", apaga o sujeito falante e a intenção significante, para só deixar subsistir a "repetição da fórmula". É o verbo que permite escrever a fala dita apagando a, no mínimo, dupla enunciação, a do doxógrafo e a do doxografado – ou da cadeia de doxografados –, atrás da identidade literal do enunciado. O enunciado se encontra escrito com essa escrita órfã descrita a Fedro, órfã, isto é, proveniente de uma filiação que se esvanece, sem outro assegurador ou responsável que não seja ela mesma. Trata-se de uma verdadeira citação generalizada, pelo fato de que todo sujeito, atual ou não, se ausenta aí virtualmente: é o dizer enquanto ele tem tudo para ser escrito, já que o sujeito não está nele. A citação vem assim como um *ersatz*[163] da formalização, o substituto de uma escrita formal. Mas a verdade não é mais então sustentada por ninguém: o sentido original não está disponível na letra e ele não está, no entanto, disponível em nenhum outro lugar; é por isso que a citação deve ser transmitida literalmente: ela não vale nada, mas nada a valerá jamais. As duas características da doxografia, pretensão de exatidão literal e manipulação ao infinito do sentido, são assim asseguradas por sua fundação simultânea.

Eis por que era preciso que o Anônimo fosse anônimo. Não que isso não seja um fato do acaso, assim como é por acaso que este tratado, através destes manuscritos, tenha chegado até este livro. Por acaso, não: por fortuna, pois do acaso

---

[161] Cf. *supra*, p. 28 s. Certas identidades permanecem aliás, ainda em suspenso, cf. *M.*, 18., *2-4* s.; 22., *1*.

[162] Émile Benveniste, *Vocabulaire des Institutions indo-européennes*, Paris, 1970, t. II, p. 133.

[163] Em alemão no original. Tradução: "substituto". (N.T.)

à fortuna há, além disso, a aparência de uma finalidade, um como se, como se o tripé só pudesse cair em equilíbrio sobre seus três pés de propósito, como se o Anônimo tivesse que ser anônimo. O anonimato é o cúmulo da doxografia, um efeito da estrutura. Pois, sob a máscara apropriada da impessoalidade de um "se", neutralidade conforme, mediocridade escolar – Bouvard e Pécuchet doxógrafos –, se afirma a autonomia do discurso, único ser e único sujeito, em uma efetuação sempre singular. De tal modo que o Doxógrafo enquanto Doxógrafo tivesse que ser anônimo.

Mas o Anônimo manifesta ainda mais visivelmente o parentesco entre discurso doxográfico e discurso sofístico ao modelar o conjunto do *De M.X.G.* por meio de um procedimento de recuo característico do *Tratado* de Górgias. A organização das três teses – "nada é", "mesmo se é, é incognoscível", "mesmo se é e se é cognoscível, é incomunicável" – é, com efeito, antecipada pelo engarrafamento da crítica. O Anônimo prova que o "algo" de Melisso, ou o "deus" de Xenófanes, não é necessariamente eterno; mas, mesmo se ele for eterno, ele não é, nem por isso, ilimitado como o pretende Melisso, ou uno, como o afirma Xenófanes; mas, mesmo que ele seja eterno e ilimitado, nem por isso ele é todo-uno, como o quer Melisso, e se ele é eterno e uno, ele também não é semelhante como o pretende Xenófanes; e assim por diante até o esgotamento das duas cadeias dedutivas, em uma série de concessões que são reproduzidas aliás no nível microscópico, no tecido mesmo de cada refutação particular.[164]

Assim se realiza, como na sofística, uma nadificação do discurso pela diminuição da sua força de resistência, segundo uma progressão geométrica, diminuindo a cada vez pela metade, e depois pela metade dessa metade, até um infinitamente

---

[164]Cf., para a reiteração do procedimento no interior de uma refutação dada, *M.*, 27.-30., *e.g.*

pequeno infinitamente próximo do silêncio: o discurso, *phusis* invertida, faz aparecer que, se ele é o único a ser, é que o ser não é nada. Até a qualidade do silêncio que se percebe como análogo: longe do inefável ontológico, é, antes, a suspensão após um chiste, a redução ao silêncio operada por este humor lógico que Freud, em *O chiste*, não hesita em qualificar explicitamente de "sofisma". Assim, para a célebre história do caldeirão, que corresponde formalmente à estrutura de recuo característica do *Tratado* e do discurso anônimo: "A pegou emprestado com B um caldeirão de cobre; quando ele o devolve, B se queixa de que o caldeirão tem um grande furo que o inutiliza. Eis a defesa de A: *Primo*, eu jamais peguei um caldeirão emprestado com B; *secundo*, o caldeirão tinha um furo quando eu o peguei emprestado com B; *tertio*, eu devolvi o caldeirão intacto".[165]

6. A usura da verdade

Com a citação generalizada, a falha do sujeito quase-mecânico da repetição pura, todos eles copistas na doxografia ideal, é substituída pela autonomia do dizer, o ausente de todo sujeito. A verdade, assim foracluída na letra, não se escreve mais senão como opinião. "Doxografia" quer dizer finalmente: só se escrevem opiniões.

A simples repetição da *alètheia*, da verdade, basta, com efeito, para transformá-la em *doxa*, em opinião. Essa transformação se caracteriza por uma multiplicação e uma proliferação: passa-se da verdade, uma, à opinião, como uma. A enumeração sistemática de todas as respostas a um problema, de todas as explicações de um fenômeno, e esse cuidado de exaustividade que geraria todo o fastidioso interesse da doxografia produzem um espaço indiferenciado em que, *partes*

---

[165] Citado por Sigmund Freud, *Le mot d'esprit et ses rapports avec l'inconscient*, trad. M. Bonaparte et M. Nathan, Paris, 1930, p. 29.

extra partes, cada ponto – cada opinião – vale tanto quanto outro. O procedimento é totalmente análogo àquele que Epicuro utiliza para desarmar a causalidade física. Assim, Plutarco,[166] perguntando, a propósito dos princípios, quais são eles, passa em revista sucessivamente Tales, que declara que é a água, Anaximandro, que diz que é o ilimitado, depois Pitágoras, os números, Heráclito e Hípaso, o fogo, Epicuro e Demócrito, os átomos e o vazio, Empédocles, os quatro elementos e as duas potências, Amor e Ódio, Platão, o deus, a matéria e a ideia, Aristóteles, a enteléqueia ou forma unida à matéria ou privação, Zenão, o deus e a matéria: a justaposição por si só, mesmo quando a sua organização hierárquica é mais bem visível, manifesta a relatividade do princípio e do princípio de cada doutrina, exatamente como Epicuro, na *Carta a Pytocles*, relativiza cada fenômeno meteorológico enumerando uma por uma suas causas possíveis.[167]

Na doxografia, que ela o saiba e o queira ou não, como para a sofística que nela se compraz (e o atomismo parece se colocar de novo ao lado delas), a repetição da verdade a reproduz como opinião, uma opinião entre outras, não mais nem menos verdadeira que uma outra. A opinião, tal como ela funciona no discurso do Anônimo, é muito explicitamente o substituto da verdade, como a citação é a substituta do texto original: *doxa*, ela conjuga a aparição fenomenal, a aparência ilusória e a reputação dos sábios que professam tal ou tal doutrina, para interditar que nos detenhamos, como o faz Melisso e qualquer que seja a evidência, em uma só dentre elas tomada como princípio.[168]

Elabora-se então uma lógica da opinião em que todas se equivalem com efeito. O princípio de não-contradição,

---

[166] *Doxographi*, p. 276-289.
[167] Ver J. Bollack e A. Laks, *Épicure à Pytocles*, Lille, 1978, p. 31 s.
[168] Cf. *M.*, 9.

com a bivalência verdadeiro/falso e a razão suficiente que faz eleger a única verdade, o cede à plurivalência dos prováveis e à indiferença das razões. O Anônimo antecipa o princípio de indiferença como, antes, a estrutura do recuo. Seja uma tese de Melisso ou de Xenófanes: ela pode tanto receber uma pluralidade de sentido, quanto implicar uma pluralidade de conclusões; a cada vez, tal sentido ou tal conclusão não serão mais verdadeiros e não haverá razão de preferir um ao outro, não há "de preferência a". É assim primeiramente a própria hermenêutica que supõe a possibilidade de uma pluralidade de interpretações para um mesmo enunciado, e encontra seu fundamento em uma indiferença primeira autorizando-a a explorar seriamente todos os sentidos sem fechar o seu leque. Trata-se, então, em um segundo tempo crítico, de atribuir, a cada sentido, cada uma das suas consequências possíveis.

A potência do deus xenofaniano se deixa assim interpretar seja como superioridade sobre a fraqueza dos outros, seja como disposição interna: em um caso como em outro, o deus não é necessariamente único como o pretende Xenófanes, mas ele pode muito bem ter também aí seja uma pluralidade de entes inferiores, seja uma pluralidade de deuses iguais.[169] Vê-se aí que, a verdade tornando-se opinião ao mesmo tempo que o um se torna múltiplo, a modalidade de toda afirmação deve também passar do necessário ao simples possível.[170] Com as cascatas de seus "nada impede que", o Anônimo distende ao máximo a cadeia dedutiva e faz aparecer a afirmação do filósofo como uma conclusão entre outras possíveis de uma interpretação dentre outras possíveis de uma tese dentre outras possíveis: é não menos possível partir de um outro princípio que não o "nada provém de nada" de Melisso, mas, se consentimos em adotar sua premissa, é lícito deduzir dele

---

[169] Cf. *X.*, 9.
[170] Cf. *M.*, 12.

não que é ingênito, mas, ao contrário, que é engendrado, ao menos no sentido de um engendramento circular infinito, ou ainda, já que nenhum terceiro está excluído, que é por uma parte eterno e por uma parte engendrado, e a partir disso, nada impede também que não seja ilimitado.[171] "Nada impede que", que figura, sob uma forma ou sob outra, em mais de 20 ocorrências apenas na crítica a Melisso, aparece assim como uma expressão terminológica do discurso doxográfico. E cada posição considerada encontra imediatamente uma reputação para garanti-la: toda possibilidade lógica traz também o nome de um douto, produzindo um texto doxográfico simultaneamente rigoroso, pura arborescência dos possíveis, ao mesmo tempo luxuoso, incarnado nos entrelaçamentos de referências mais ou menos fictícias.[172]

Uma tal indiferença das razões enceta a não-contradição cada vez mais profundamente. A crítica a Melisso é, mais uma vez, exemplar: as diferentes possibilidades contraditórias com uma mesma premissa não são apenas contraditórias entre si, mas nada impede que cada uma seja já contraditória consigo mesma e, portanto, que o "algo" que ela serve a caracterizar se apresente finalmente como uma entidade em si contraditória. Assim, o ponto de partida de Melisso é igualmente compatível tanto com a unidade quanto com uma pluralidade de entes; mas, se o ente é um, ele se deixa ainda ser dito múltiplo, já que, enquanto "semelhante", ele deve ser composto fisicamente de uma pluralidade de partes; enfim, a contradição é ainda mais essencial, já que é cada uma de suas partes que, pela divisão zenoniana, se torna ao mesmo tempo "menor" e "maior", e que, na falta de vazio separado, pode, além disso, ser dita simultaneamente densa e rarefeita.[173] A representação física

---

[171] Cf. *M.*, 9.-11. e 13.-18.
[172] Cf. *M.*, 6. Mas ver de modo mais geral toda a crítica do Anônimo.
[173] Cf. *M.*, 23. e 25.

do "algo" de Melisso, a despeito da ilimitação, permanece a inclinação inevitável de suas teses; ela reproduz a unidade-totalidade do ente parmenídico, idêntico a si mesmo, como indiscernível de seu contrário, o conjunto divisível ao infinito das contradições internas.

Porque cada tese é entregue a si mesma com a garantia de um nome mas sem a defesa de uma preferência, porque, portanto, o princípio de razão falta como requisito do jogo, a não-contradição não tem voz no capítulo: pois, se é suficiente, é preciso também que alguém queira dizer algo – sujeito, verbo e complemento são indissoluvelmente ligados –, e não apenas que haja dizer, para assegurar com um princípio o outro. A repetição doxográfica, fazendo surgir a petição como petição, é assim o lugar em que a diferença dos dizeres e os dizeres contraditórios uns em relação aos outros podem subsistir em conjunto. Essa subsistência é uma forma de anulação, mas muito particular: ela se distingue absolutamente da assunção dialética, que só suprime conservando e elevando ao nível de verdade superior; ela também não anula por contradição pura e simples: ela se contenta em usar da verdade, em usar da verdade ao ponto de nadificá-la por indiferença.

Se Parmênides, o tratado nos escapa como feito para nos seduzir como discurso. Não há, ao termo desse percurso, nenhum resultado positivo: sem data, sem nome; sobretudo a demarcação de uma prática que se compreende a si mesma: o bem-nomeado Anônimo é um "doxógrafo" que, lendo Górgias lendo Parmênides e repetindo o gesto doxográfico como Górgias repete o gesto ontológico, faz soar o parentesco entre repetição doxográfica e repetição sofística. Doxógrafo de gênio ou criptossofista, indivíduo isolado ou membro de escola, vivendo pouco depois de Aristóteles ou muito tempo depois de Teofrasto, ao lê-lo como está escrito, não há mais razão para afirmar um mais do que o outro.

Mas essa indiferença não é, não mais que a sua, o mais baixo grau da liberdade: é o estampido de uma redução apaixonada à ficção. O título *Se Parmênides* propõe, portanto, uma leitura daquela que o Anônimo faz de Górgias lendo Parmênides: colocar Parmênides como hipótese, levando a sério a destinação do tratado – não "que é", mas "se algo é" –, é marcar a posição de origem que o tratado lhe atribui tanto como sofístico quanto como doxográfico, sublinhar que ela é sempre o *a posteriori* do sentido. Tão logo ela é fixada, tudo se segue, no entanto, com o último rigor, tanto o discurso sofístico que antecipa seu acabamento desdobrando do interior sua realização catastrófica, como o discurso doxográfico que a utiliza e a dissipa parecendo conservá-la. Se Parmênides, então Górgias, se Górgias, o Anônimo, e se o Anônimo, nossa interpretação.

Bibliografia

I. Edições e traduções completas

1. Edições

Entre as edições do Renascimento, levei em conta, por seu trabalho crítico sobre o tratado:

Sylburg, Fr., *Aristotelis uaria opuscula. De X. et G. dogmatibus; Mechanica problemata*; etc.

Na época moderna, o tratado é editado em:

Bekker, I., *Aristotelis Opera*, v. 2, Berlin, 1831 (p. 974-980). Uma reimpressão dessa publicação, sob os auspícios da Academia Real de Berlim, foi feita por O. Gigon, Berlin, 1960.

Mullach, F.W.A., *De M.X.G. disputationes cum Eleaticorum philosophorum Fragmentis et Ocelli Lucani qui fertur de Uniuersinatura libellus*, Berlin, 1845.

Esse trabalho foi retomado em:

Fragmenta philosophorum graecorum, Paris (Firmin Didot), 1875 (v. 1, p. 271-309).

Apelt, O., *Aristotelis quae feruntur de Plantis, de Mirabilibus auscultationibus, Mechanica, de Lineis insecabilibus, Ventorum situs et nomina, de M., X., G.*, Bibliotheca Teubneriana, Leipzig, 1888 (p. 165-194).

A completar com:

"Melissos bei Pseudo-Aristoteles", *Neue Jahrbücher für Philologie und Paedagogik*, 133, 1886 (p. 729-766),

e:

"Gorgias bei Pseudo-Aristoteles und bei Sextus Empiricus", *Reinisches Museum*, 43, 1888 (p. 203-219).

Sobre o trabalho de Apelt, ver:

Cook Wilson, J., "Notice of Apelt's Pseudo-Aristotelian Treatises", *The Classical Review*, 6, 1892 (p. 16-19, 100-107, 156-162, 209-214, 441-446) e 7, 1893 (p. 33-39).

Diels, H. *Aristotelis qui fertur de M.X.G. libellus*, Berlin, 1900 (*Abhandlungen der Königl. Preuss. Akademie der Wissench.*).

Hett, W.S., *Aristotle. Minor Works*, Loeb Classical Library, Cambridge Mass. e Londres, 1936 (p. 461-507).

2. Traduções

Em latim:

A tradução de Feliciano (século XVI) acompanha o texto grego em muitas edições dos escritos de Aristóteles (cf. Fabricius, *Bibliotheca Graeca*, v. 3, p. 247). Ela é ainda reproduzida no terceiro volume da edição completa das obras de Aristóteles publicadas pela Academia de Berlin (ver antes, I. Bekker):

Aristoteles latine interpretibus uariis, Berlin, 1831 (p. 477-481, o volume não foi reimpresso).

Encontra-se igualmente uma versão revista em:

Aristotelis Opera omnia graece et latine, vol. 3, Paris (Firmin Didot), 1854 (p. 671-681).

Em francês:

Barthélémy-Saint-Hilaire, J., *Traité de la production et de la destruction des choses, suivi du traité sur M.X.G. Traduits en français pour la première fois. Accompagnés de notes perpétuelles sur les origines de la philosophie grecque*, Paris, 1866 (p. 217-268).

Em inglês:

Loveday, T. e Foster, E.S., In: *The works of Aristotle translated into English* (ed. D. Ross), v. 6, Oxford, 1913 (reimpressão 1967).

Ver também antes, a edição de W.S. Hett.

Em alemão:

H. J. Newiger prepara uma tradução do tratado para a série *Aristoteles. Werke in deutscher Übersetzung* (v. 18, IX) que continua a ser publicada (Berlim).

II. Edições e interpretações parciais

Encontram-se análise e traduções parciais em numerosos trabalhos consagrados a Melisso, a Xenófanes ou a Górgias.

Para Xenófanes e Melisso, nos orientaremos a partir da bibliografia dos trabalhos publicados entre 1957 e 1970 que J. Wiesner estabeleceu em:

Schwabl, H. e Wiesner, J., "Forschungsbericht. Die Eleaten", *Anzeiger für die Altertumswissenchaft* 25, 1972, col. 1-56.

Sobre Górgias (e o movimento sofístico de maneira geral), ver a bibliografia do volume *Sophistik* editado por C.J. Classen (Darmstadt, 1976), e aquela de:

Newiger, H.J., *Untersuchungen zu Gorgias Schrift über das Nichtseiende*, Berlin-New York, 1973 (p. 189-197).

Esta última obra, para a parte G., e o trabalho de:

Wiesner, J., *Ps-Aristoteles, M.X.G.: Der historische Wert des Xenophanesreferats. Beiträge zur Geschichte des Eleatismus*, Amsterdam, 1974,[174]

para as partes M. e X., foram minhas referências constantes. Eles propõem, com efeito, tanto um como outro, a partir de uma análise parcial precisa apoiada em comparações, todo um trabalho de edição assim como uma visão mais global sobre o *Tratado do não-ser* ou sobre o *De M.X.G.*

---

[174] Ver minha resenha em *Gnomon* 49, p. 773-784, 1977.

Além disso, para certos pontos de crítica ou de interpretação textual, eu me servi particularmente de:

Füllerborn, G.G., *Liber de X.Z. et G. Aristoteli uulgo tributus passim illustratur*, La Haye, 1789.

Beck, Ch.D., *Varietas lectionum libellorum Aristotelicorum e codice Lipsiensi diligenter enotata*, Leipzig, 1793.

Spalding, G.L., *Vindiciae philosophorum Megaricorum, subiecto commentario in primam partem libelli de X.Z. et G.*, Berlin, 1793.

Brandis, Ch., *Commentationum eleaticarum pars prima*, Altona, 1813.

Foss, H. Ed., *De Georgia Leontino commentatio. Interpositus est Aristotelis de Gorgia liber, emendatius editus*, Halle, 1828.

Karsten, S., *Philosophorum graecorum ueterum operum reliquiae* I, 1 (Xenophanes), Amsterdam, 1830.

Bergk, Th. *Commentatio de Aristotelis libello de X.Z. et G.*, Marbourg, 1843.

Bonitz, H., *"Aristotelische Studien I"*, *Sitzungsberichte der Phil.-hist.-Klasse der kaiserl. Akademie der Wissensch.*, 39, 1862, p. 183-280 ; retomado sob a forma de livro: *Aristotelische Studien I*, Viena, 1862 ("Zu der Schrift über Xenophanes, Zenon und Gorgias", p. 63-86).

Kern, Fr., *Symbolae criticae ad libellum aristotelicum* περὶ Ξ.Ζ.Γ., Oldenbourg, 1867.

Bollack, J. *Empédocle*, t. 1 (*Introduction à l'ancienne physique*), Paris, 1965 ; t. 2 (*Les Origines*: édition) et 3 (*Les Origines*: commentaire, 2 v.), Paris, 1969.

III. Juízos sobre o valor histórico do tratado

Além das obras já citadas, nas quais se exprime geralmente uma opinião, ver:

falando do *Sobre Melisso*:

Reale, G., *Melisso. Testimonianze e frammenti*, Florença, 1970.

do *Sobre Xenófanes*:

Reinhardt, K., *Parmenides und die Geschichte der griechischen Philosophie*, Bonn, 1916 (reimpr. Frankfurt, 1959), em particular, p. 89-152;

Untersteiner, M., "Senofane e Melisso nel *De Melisso, Xenophane, Gorgia*. Una polemica Megarica?", *Antiquitas*, 8, p. 22-84, 1950. Retomado e completado em: *Senofane. Testimonianze e frammenti*, Florença, 1956, reimpr. 1967 (Introdução, Cap. 1, p. XVII-CXVIII).

Steinmetz, P. "Xenophanesstudien", *Rheinisches Museum* 109, p. 13-73, 1966.

Von Fritz, K. "Xenophanes", *Realencyclopädie*, IXA 2, Stuttgart, 1967, col. 1541-1562.

do *Sobre Górgias*:

Nestle, W., "Die Schrift des Gorgias *Über die Natur oder das Nichtseiende*", *Hermes* 57, p. 551-562, 1922 (retomado em: *Griechische Studien*, Stuttgart, p. 240-252, 1948).

Gigon, O., "Gorgias *Über das Nichtsein*", *Hermes* 71, p. 186-213, 1936 (retomado em: *Studien zur antiken Philosophie*, Berlin-New York, p. 69-97, 1972).

Kerferd, G.B., "Gorgias on nature or that which is not", *Phronesis* 1, p. 3-25, 1955.

Bröker, W., "Gorgias contra Parmenides", *Hermes* 86, p. 425-440, 1958.

Untersteiner, M., *Sofisti. Testimonianze e frammenti*, fasc. 2, 2ª ed., Florença, 1961 (1ª ed. 1949).

Untersteiner, M., *I Sofisti*, 2. ed. revista e aumentada, 2 v., Milão, 1967 (1ª ed. Milão, 1948).

Entre as contribuições mais gerais:

Zeller, E., *Die Philosophie der Griechen in ihrer geschichtlichen Entwicklung dargestellt*, I, 1 e 2 (*Vorsokratische Philosophie*), 6ª ed. Revista por W. Nestle, Leipzig, 1920 (1ª ed. 1884), reimpr. Hildesheim, 1963. Para a tradução italiana, ver a seguir.

Gercke, A., "Aristoteles", *Realencyclopädie*, II, Stuttgart, 1895, col. 1012-1054.

Gomperz, Th., *Griechische Denker*, t. 1, Leipzig, 1896 (2ª ed. 1903); trad. francesa por A. Reymond da 2ª ed., Paris, 1902.

Robin, L., *La pensée grecque et les origines de l'esprit scientifique*, Paris, 1923 (nova edição por P.M. Schuhl, Paris, 1963).

Burnet, J., *Early Greek Philosophy*, 4. ed. revista e corrigida, Londres, 1930 (1ª ed. 1892; numerosas reimpressões); trad. francesa por A. Reymond da 2ª ed.: *L'aurore de la philosophie grecque*, Paris, 1919 (numerosas reimpressões).

Calogero, G., *Studi sull'eleatismo*, Roma, 1932 (2ª ed. aumentada, Florença, 1977).

Verdenius, W.J., *Parmenides. Some Comments on his Poem*, Groningen, 1942 (reimpr. Amsterdam, 1964).

Gigon, O., *Der Ursprung der griechischen Philosophie*, Bâle, 1945 (2ª ed. 1968).

Loenen, J.H.M.M., *Parmenides, Melissus, Gorgias,* Assen, 1959.

E. Zeller, R. Mondolfo, *La Filosofia dei Greci nel suo sviluppo storico*, I (*I Presocratici*), 3 (*Eleatici*), a cura di G. Reale, Florença, 1967 ("Le Fonti. Lo scritto *de Melisso Xenophane et Gorgia*", p. 1-55).

IV. Instrumentos de trabalho

Liddell, H.G., Scott, R., Jones, H.S., *A Greek-English Lexicon*, Oxford, 1968 (=LSJ).

Kühner, R., Gerth, B., *Ausführliche Grammatik der griechischen Sprache*, Zweiter Teil: Satzlehre, 2 v., Hanover e Leipzig, 1898 e 1904, 4ª ed. Hanover, 1955, reimpr. Darmstadt, 1966 (=KG).

Denniston, J.D., *The Greek Particles*, 2ª ed. Oxford, 1954 (muitas reedições com correções).

Sobre Melisso, Xenófanes e Górgias

Texto grego e tradução

Tabela de siglas

Manuscritos

L : Lipsiensis 16
R : Vaticanus gr. 1302

Bern. 402 : Bernensis 402
Urb. 108 : Urbinas gr. 108
uulg. : libri uulgares

Abreviações utilizadas no aparato

L^{ac} : L ante correctionem (lição de L antes de correção)
add. : addidit (acrescentado por)
alt. : alterum (segunda ocorrência de um termo em uma linha)
auct. : auctore (sobre a iniciativa de)
corr. : correxit (correção proposta por)
del. : deleuit (suprimido por)
hab. : habet (dado por)
iter. : iterauit (repetido por)
lac. stat. : lacunam statuit (lacuna suposta por)
litt. : litterae (precedido por uma cifra : número provável de letras no interior de uma lacuna)
loc. desp. : locus desperatus (passagem em que o editor renuncia)

man. rec. : manu recentiore (escrita mais recente em um manuscrito)
om. : omisit (omitido por)
L^{pc} : L post correctionem (lição de L após correção)
ras. : rasura (rasura)
rest. : restituit (restituído por)
scr. scripsi (correção aqui proposta)
L^{sl} : L supra lineam (lição de L acima da linha)
sec. : secundum (segundo)
suppl. : suppleuit (acrescentado por, em uma lacuna)
Test. : Testimonia (referência no tratado a textos antigos)
Test. emend. : Testimonia emendationum (escolha de correções científicas significativas)
Tit. : Titulus (título)
tr. : transposuit (deslocado por)

Outras siglas

[ ] : suprimido do texto
<> : acrescentado ao texto
†...† : designa no grego um locus desperatus
... : designa na tradução um locus desperatus

[ΑΡΙΣΤΟΤΕΛΟΥΣ] ΠΕΡΙ ΜΕΛΙΣΣΟΥ

M., 1.   Ἀίδιον εἶναί φησιν εἴ τι ἔστιν, εἴπερ μὴ   974a
ἐνδέχεσθαι γενέσθαι μηδὲν ἐκ μηδενός· Εἴτε
γὰρ ἅπαντα γέγονεν εἴτε μὴ πάντα, ἀίδια
ἀμφοτέρως. Ἐξ οὐδενὸς γὰρ γενέσθαι ἂν
αὐτῶν γιγνόμενα. Ἁπάντων τε γὰρ γιγνο- 5
μένων, οὐδὲν προϋπάρχειν· εἴτ᾽ ὄντων τινῶν
ἀεί, ἕτερα προσγίγνοιτο, πλέον ἂν καὶ μεῖζον
τὸ ὂν γεγονέναι· εἰ δὴ πλέον καὶ μεῖζον,
τοῦτο γενέσθαι ἂν ἐξ οὐδενός· τῷ γὰρ ἐλάττονι τὸ πλέον, οὐδ᾽ ἐν τῷ μικροτέρῳ τὸ μεῖζον οὐχ
ὑπάρχειν.
2.   Ἀίδιον δὲ ὄν, ἄπειρον εἶναι, ὅτι οὐκ ἔχει   10
ἀρχὴν ὅθεν ἐγένετο, οὐδὲ τελευτὴν εἰς ὃ
γιγνόμενον ἐτελεύτησέ ποτε.
3.   Πᾶν δέ, καὶ ἄπειρον ὄν, εἶναι· εἰ γὰρ
πλέω ἢ δύο εἴη, πέρατ᾽ ἂν εἶναι ταῦτα πρὸς
ἄλληλα.

---

1. Test. emend. :
   3 ἀίδια: ἀδύνατον Bonitz   5 αὐτῶν: τὰ αὐτῶν
   Brandis: αὐτὰ Apelt   10 ἐν ante τῷ add. Beck.
   Tit. π.Μ. Spalding: Ἀριστοτέλους περὶ Ζήνωνος L :
   Ἀριστοτέλους (Θεοφράστου man. rec.) περὶ Ξενοφάνους·
   περὶ Ζήνωνος· περὶ Γοργίου x περὶ Ζήνωνος R
   2 ἐνδέχεσθαι L: ἐνδέχεται R   3- 4 ἀίδια ἀμφοτέρως
   L: δι᾽ ἀμφοτέρων R   4 γενέσθαι L: lacuna IX
   litt. R   ἂν post αὐτῶν tr.R   8 ὂν L: ἓν R
   εἰ L: ᾧ R   9-10 ἐλάττονι L : ἔλαττον R   10 οὐδ᾽
   L: οἶδ᾽ R.

3. Test. emend. :
   1 πᾶν δέ, καὶ ἄπειρον ὄν: (πᾶν γάρ)· ἄπειρον δ᾽ὄν
   Apelt   ἓν ante εἶναι add. Kern   2 πλέω ἢ δύο :
   δύο ἢ πλέω Susemihl.
   2 πλέω L: πλέον R   πέρατ᾽ἂν uulg. : περαιαν R: περὶ λίἂν L.

[ARISTÓTELES] SOBRE MELISSO

M., 1.   É eterno, diz ele, se algo é, ao menos se não é 974a possível que nada provenha de nada. Com efeito, que todas as coisas sem exceção tenham proveniência, ou não todas, nos dois casos eternas, pois não é de nenhuma dentre elas que elas proviriam, se elas provêm. Com 5 efeito, todas sem exceção tendo proveniência, nada existe antes; e se, algumas desde sempre sendo, outras proviessem, maior e mais numeroso o ente teria se tornado; então, se mais numeroso e maior, proviria de nada; pois ao menos não pertence o mais, e no menor não está o maior.

2.   Sendo eterno, é ilimitado, porque não tem princípio, coisa de onde provir, e também não tem fim em 10 que, tornando-se, ganhe fim um dia.

3.   Mas é tudo, mesmo que sendo ilimitado; com efeito, se fosse mais, ou mesmo dois, eles seriam limites uns para os outros.

4. Ἓν δὲ ὄν, ὅμοιον εἶναι πάντῃ· εἰ γὰρ ἀνόμοιον, πλείω ὄντα, οὐκ ἂν ἔτι εἶναι, ἀλλὰ πολλά.
5. Ἀίδιον δὲ ὄν, ἄμετρόν τε καὶ ὅμοιον πάντῃ, ἀκίνητον εἶναι τὸ ἕν. Οὐ γὰρ ἂν κινηθῆναι μὴ εἴς τι ὑποχωρῆσαν· ὑποχωρῆσαι δὲ ἀνάγκην εἶναι ἤτοι εἰς πλῆρες ὂν ἢ εἰς κενόν· τούτων δὲ τὸ μὲν οὐκ ἂν δέξασθαι τὸ πλῆρες, τὸ δὲ οὐκ εἶναι οὐδὲν ἢ τὸ κενόν.
6. Τοιοῦτον δὲ ὄν, τὸ ἓν ἀνώδυνόν τε καὶ ἀνάλγητον, ὑγιές τε καὶ ἄνοσον εἶναι, οὔτε μετακοσμούμενον θέσει οὔτε ἑτεροιούμενον εἴδει οὔτε μιγνύμενον ἄλλῳ· Κατὰ πάντα γὰρ ταῦτα, πολλά τε τὸ ἓν γίγνεσθαι καὶ τὸ μὴ ὂν τεκνοῦσθαι καὶ τὸ ὂν φθείρεσθαι ἀναγκάζεσθαι· ταῦτα δὲ ἀδύνατα εἶναι.
7. Καὶ γὰρ εἰ τὸ μεμῖχθαί τι ἓν ἐκ πλειόνων λέγοιτο καὶ εἴη πολλά τε καὶ κινούμενα εἰς ἄλληλα τὰ πράγματα, καὶ ἡ μίξις, ἡ ὡς ἐν ἑνί, σύνθεσις εἴη τῶν πλειόνων, ἢ τῇ ἀπαλλάξει οἷον ἐπιπρόσθεσις γίγνοιτο τῶν μιχθέντων, ἐκείνως μὲν ἂν διάδηλα χωρίζοντα εἶναι τὰ μιχθέντα, ἐπιπροσθήσεως δ' οὔσης ἐν τῇ τρίψει γίγνεσθαι ἂν ἕκαστον φανερόν, ἀφαιρουμένων τῶν πρώτων τὰ ὑπ' ἄλληλα τεθέντα τῶν μιχθέντων· ὧν οὐδέτερον συμβαίνειν.

---

4. 1 ὄν, ὅμοιον L : ὃ μόνον R   πάντῃ L : πάντα R
εἰ uulg. : ἢ L : ἦ R   2 ἀνόμοιον L: ἀνόμοια R   ἕν
post ἔτι hab. R   εἶναι L : θεῖναι R.
5. Test. emend. :
4 ὄν : ἰὸν Bekker   6 τὸ πλῆρες del. Diels
7 ἢ τὸ κενόν del. Apelt (ἢ iam Bekker).
3 κινηθῆναι L : κινηθῇ R   εἴς τι L : ἔστιν R
ὑποχωρῆσαν iter. R   5 εἰς om. R.
6. 1-2 ὄν... εἶναι L : ὄντων ἀνώδυνον τὲ καὶ ἀναλγήτων ὕπεστε καὶ ἄνοθαν εἶναι R.
7. Test. emend. :
2 λέγοιτο : γένοιτο Bonitz   3 ἡ : ἢ Beck   4-5 ἀπαλλάξει : ἐπαλλάξει Mullach 6 χωρίζοντα : χωρὶς ὄντα Kern.
2 τε καὶ om. R   5 ἐπιπρόσθεσις L : ἐπιπροσθέσεις R
6 ἐκείνως L : ἐκείνους R   διάδηλα χωρίζοντα L: δι'ἀλλήλων χωπιζόντων R   7 ἐπιπροσθήσεως L : ἐπιπροσθέσεως R.

4. Sendo um, é semelhante por toda parte; pois se é dessemelhante, sendo muitos, não seria mais um, mas uma pluralidade.
5. Sendo eterno, imenso e semelhante por toda parte, imóvel é o um. Com efeito, ele não pode se mover sem se deslocar para algo; ora, desloca-se necessariamente seja para algo que é pleno, seja para o vazio; mas, desses dois, um não pode receber o pleno, e o outro não é nada além do vazio.
6. Sendo tal, o um é sem perturbação e sem dor, são e sem doença; ele não reordena sua posição, nem altera sua forma, nem se mistura a mais nada. Em todos esses casos, com efeito, o um se torna múltiplo, e o não-ser é engendrado e o ente é destruído, necessariamente; ora, isso são impossibilidades.
7. E, com efeito, mesmo se, em vista da mistura, pode-se falar de um um de muitos, e que as coisas efetivas sejam múltiplas e em movimento umas em relação às outras, e se a mistura, enquanto que em um um, fosse uma justaposição de mais de um elemento, ou se tornasse, por separação, como uma ocultação dos elementos misturados: no primeiro caso, os elementos misturados seriam distintos, separando-se; e no caso da superposição que oculta, seria na fricção que cada um se tornaria visível, os primeiros dos elementos misturados removendo aqueles que são colocados uns sob os outros. Mas, dos dois, nem um, nem o outro se produzem.

8.   Διὰ τούτων δὲ τῶν τρόπων κἂν εἶναι πολλὰ κἂν ἡμῖν, ᾤετο, φαίνεσθαι μόνως. Ὥστε ἐπειδὴ οὐχ οἷόν τε οὕτως, οὐδὲ πολλὰ δυνατὸν εἶναι τὰ ὄντα, ἀλλὰ ταῦτα δοκεῖν οὐκ ὀρθῶς. Πολλὰ γὰρ καὶ ἄλλα κατὰ τὴν αἴσθησιν φαντάζεσθαι ἅπασαν, λόγον δ' οὔτε, εἰ αἱρεῖν, τὰ αὐτὰ γίγνεσθαι, οὔτε πολλὰ εἶναι τὸ ὄν, ἀλλὰ ἓν ἀίδιόν τε καὶ ἄπειρον καὶ πάντῃ ὅμοιον αὐτὸ αὑτῷ.

9.   Ἆρ' οὖν δεῖ πρῶτον μὲν μὴ πᾶσαν λαβόντα δόξαν ἄρχεσθαι, ἀλλ' αἳ μάλιστά εἰσι βέβαιοι; Ὥστ' εἰ μὲν ἅπαντα τὰ δοκοῦντα μὴ ὀρθῶς ὑπολαμβάνεται – ὅθεν ἴσως προσήκει οὐδὲ τούτῳ προσχρῆσθαι τῷ δόγματι – οὐκ ἄν ποτε οὐδὲν γένοιτο ἐκ μηδενός. Μία γάρ τίς ἐστι δόξα, καὶ αὕτη τῶν οὐκ ὀρθῶν, ἣν ἐκ τοῦ αἰσθάνεσθαί πως ἐπὶ πολλῶν πάντες ὑπειλήφαμεν. Εἰ δὲ μὴν πάντα ἡμῖν ψευδῆ τὰ φαινόμενα, ἀλλά τινές εἰσι καὶ τούτων ὀρθαὶ ὑπολήψεις, ἢ ἐπιδείξαντα τοιαύτῃ ποιά ἢ τὰς μάλιστα δοκούσας ὀρθάς, ταύτας ληπτέον· ἃς ἀεὶ βεβαιοτέρας εἶναι δεῖ ἢ αἳ μέλλουσιν ἐξ ἐκείνων τῶν λόγων δειχθήσεσθαι.

---

8. Test. emend. :
2 κἂν ἡμῖν : καὶ οὐκ ἂν ἡμῖν Mullach   6 φαντάζεσθαι del. Spalding   ἅπασαν: ἀπατᾶν Spaldin : del. Diels : ἀπάτῃ Wiesner   7 οὔτε, εἰ: οὔτ'ἐκεῖν' Bonitz
τὰ αὐτὰ : ταῦτα Diels.

1 τούτων δὲ τῶν τρόπων L: τοῦτον δὲ τὸν τρόπον R
2 ᾤετο rest. Diels: ᾤ. ετ L: ὡς τό R   4 ταῦτα L :
ταῦτα R   6 ἅπασαν R : ἀπατᾷ L   7 οὔτε, εἰ αἱρεῖν scripsi: οὔτεειαιρεῖν L: οὔταικειναιρει R.

9. Test. emend. :
5 ὅτι ante οὐκ add. Spalding   9 μὴν πάντα : μὴ ἅπαντα Apelt   11 τοιαύτῃ : τοιαύτην Bekker.
2 αἳ μ. εἰσι L: ἀεὶ μ. ὄν R   4 ὅθεν   L : οὐθέν R
8 πάντες L : ὄντες R   9 μὴν R : μὴ ἢ L   11 τοιαύτη ποιά L : ποιοτήτας R.

8. Nesses dois casos, tanto a pluralidade seria, acreditava ele, quanto ela nos apareceria, somente ela. De modo que, já que não pode ser assim, também não é possível que os entes sejam múltiplos, embora pareçam ser assim não corretamente. De fato, muitas 5 outras coisas são imaginadas na extensão do sentir, mas segundo a discursividade, nem – se ela tem força de prova – se torna identidades, nem ele é múltiplo, mas um um eterno e ilimitado, e por toda parte semelhante ele próprio a si próprio.

9. Será então que é preciso, primeiramente, não aceitar, para começar, qualquer crença, mas apenas 10 aquelas que são as mais firmes? De modo que, se, por um lado, tudo o que cremos, sem exceção, é aceito incorretamente como fundamento – em consequência disso não convém talvez também utilizar esse axioma –, então não é verdadeiro que nada possa jamais provir de nada. Pois isso é uma crença, ela também fazendo parte das coisas incorretas, que, a partir de algum sentir repetido, todos nós tomamos por fundamento. Se, por outro lado, todos os fenômenos são certamente 15 para nós ilusões, mas se existe, de qualquer modo, certas assunções corretas a seu respeito, que se tenha demonstrado a natureza de uma tal assunção, ou que se aceite aquelas que se crê, no mais alto grau, corretas, são essas que devemos aceitar; e elas devem sempre ser mais firmes que aquelas que vão ser mostradas a partir delas, tomadas como princípios.

10.   Εἰ γὰρ καὶ εἶεν δύο δόξαι ὑπεναντίαι
ἀλλήλαις, ὥσπερ οἴεται – εἰ μὲν πολλά, 20
γενέσθαι φησὶν ἀνάγκην εἶναι ἐκ μὴ ὄντων·
εἰ δὲ τοῦτο μὴ οἷόν τε, οὐκ εἶναι τὰ ὄντα πολλά·
ἀγένητον γὰρ ὄν, ὅ τι ἔστιν ἄπειρον εἶναι· εἰ
δ' οὕτως, καὶ ἕν –, ὁμοίως μὲν δὴ ἡμῖν ὁ<μο-
λογουμένων> ἀμφοτέρων π<ροτάσεων>, οὐδὲν μᾶλλον τι ἓν ἢ ὅτι πολλὰ δείκνυται.
    Εἰ δὲ βέβαιος μᾶλλον ἡ ἑτέρα, ἀπὸ 25
ταύτης ξυμπερανθέντα μᾶλλον δέδεικται. Τυγχάνομεν δὲ ἔχοντες ἀμφοτέρας τὰς ὑπολήψεις
ταύτας, καὶ ὡς ἂν οὐ γένοιτ' ἂν οὐδὲν ἐκ
μηδενός, καὶ ὡς πολλά τε καὶ κινούμενα μέν
ἐστι τὰ ὄντα, ἀμφοῖν δὲ πιστὴ μᾶλλον αὕτη,
καὶ θᾶττον ἂν πρόοιντο πάντες ταύτην ἐκείνης
τὴν δόξαν. Ὥστ' εἰ καὶ συμβαίνει ἐναντίας
εἶναι τὰς φάσεις καὶ ἀδύνατον γίγνεσθαί τι 975a
ἐκ μὴ ὄντος καὶ μὴ πολλὰ εἶναι τὰ πράγματα,
ἐλέγχοιτο μὲν ἂν ὑπ' ἀλλήλων ταῦτα.

5

---

10. Test.:
11-14 uid. Hes. Theog., 116-120.
Test. emend.:
5 ὅ τι : εἴ τι Cook Wilson   8 τι : ὅτι Spalding
9 ἀπὸ : τἀπὸ Diels   13 μέν del. Bonitz   15 ταύτην
ἐκείνης : ταύτης ἐκείνην Bonitz   16 συμβαίνει :
συμβαίνοι Spalding.
2 μὲν Apelt : μὴ LR   3 ἀνάγκην Mullach :
ἀνάγκη LR   5 ἀγένητον Apelt : γένη· τὸ γὰρ ὄν L :
γένοιτο γὰρ ἂν ὄν R   ὅ τι scripsi : ὅτι LR
6 δὴ R : δεῖ L   7 ὁ <μολογουμένων> ἀμφοτέρων
π <ροτάσεων> suppl. Apelt : ὁ lacuna VI litt. ἀμφοτέρων
π lacuna V litt. LR   10-11 τυγχάνομεν Mullach :
τυγχανόμενα LR   11 ἔχοντες L : ἔχοντος R
12-13 ὡς... καὶ om. R   12 γένοιτ' ἂν rest.
Olearius : γένοιταν L   13 καὶ ὡς Mullach : ὄντος L
16 συμβαίνει ἐναντίας L : συμβαίνειν ἄν τις R
17 τι L^{ac} : τε L^{pc} R.

10.   Admitimos, com efeito, que haja duas crenças contraditórias entre si, como ele pensa – se há plu- 20 ralidade, é necessário, diz ele, que ela venha de não-entes, mas se isso é impossível, então os entes não são pluralidade; pois sendo eterno, o que é, é ilimitado; e se é assim, é também um –, então, se nós concedemos igualmente as duas premissas ao mesmo tempo, não é em nada demonstrado que é um e não que há pluralidade. Se, por outro lado, uma das duas é mais 25 firme, o que nós concluímos dela se encontra mais bem demonstrado. Ora, nós temos essas duas assunções ao mesmo tempo, tanto que nada poderia provir de nada, quanto que os entes são numerosos e em movimento; mas, das duas, é esta última a assunção mais digna de fé, e todos escolheriam essa crença mais rápido que a outra. De modo que se esses enunciados são efetivamente contraditórios, e se é impossível que algo 975a provenha do não-ente e que as coisas efetivas não sejam múltiplas, essas proposições se refutariam entre si.

11.   Ἀλλὰ τί μᾶλλον οὕτως ἂν ἔχοι; Ἴσως τε
κἂν φαίη τις τούτοις τἀναντία. Οὔτε γὰρ δείξας
ὅτι ὀρθὴ δόξα ἀφ' ἧς ἄρχεται, οὔτε μᾶλλον
βέβαιον ἢ περὶ ἧς δείκνυσι λαβών, διελέχθη.
Μᾶλλον γὰρ ὑπολαμβάνεται εἰκὸς εἶναι γίγνεσθαι ἐκ μὴ ὄντος εἰ μὴ πολλὰ εἶναι. Λέγεταί
τε καὶ σφόδρα ὑπὲρ αὐτῶν γίγνεσθαί τε τὰ
μὴ ὄντα καὶ μὴ γεγονέναι πολλὰ ἐκ μὴ
ὄντων, καὶ οὐχ ὅτι οἱ τυγχάνοντες, ἀλλὰ καὶ
τῶν δοξάντων τινὲς εἶναι σοφῶν εἰρήκασιν.
Αὐτίκα δ' Ἡσίοδος « Πάντων μὲν πρῶτον,
φησι, Χάος ἐγένετο, αὐτὰρ ἔπειτα Γαῖα
εὐρύστερνος, πάντων ἕδος ἀσφαλὲς αἰεί, ἠδ'
Ἔρος, ὃς πάντεσσι μεταπρέπει ἀθανάτοισι ».
Τὰ δ' ἄλλα φησὶ γίγνεσθαι, ταῦτα δὲ ἐξ
οὐδενός. Πολλοὶ δὲ καὶ ἕτεροι εἶναι μὲν
οὐδέν φασι, γίγνεσθαι δὲ πάντα, λέγοντες
οὐκ ἐξ ὄντων γίγνεσθαι τὰ γιγνόμενα· οὐδὲ
γὰρ ἂν ἔτι αὐτοῖς ἅπαντα γίγνοιτο. Ὥστε
τοῦτο μὲν δῆλον ὅτι, ἐν οἷς γε δοκεῖ, καὶ ἐξ
οὐκ ὄντων ἂν γενέσθαι.

12.   Ἀλλ' ἄρα εἰ μὲν δυνατά ἐστιν ἢ ἀδύνατα
ἃ λέγει λεκτέον· τὸ δὲ πότερον συμπεραίνεται
αὐτὰ ἐξ ὧν λαμβάνει ἢ οὐδὲν κωλύει καὶ
ἄλλως ἔχειν ἱκανὸν σκέψασθαι· ἕτερον γὰρ
ἄν τι τοῦτ' ἴσως ἐκείνου εἴη.

---

11. Test. :
11-14 uid. Hes. Theog., 116-120.
Test. emend. :
8 μὴ: δὴ Bonitz   20 ἐν οἷς: ἐνίοις Spalding.
5 ὑπολαμβάνεται L : λαμβάνεται R   6 εἰ L : ἢ R
10 τινὲς εἶναι σοφῶν L : εἶναι σοφῶν τινές R
11 πάντων μὲν πρῶτον L: πρῶτον μὲν πάντων R
13 ἠδ' L : δ R   15 γίγνεσθαι L : γενέσθαι R
18 οὐκ ἐξ ὄντων L : ἐξ οὐκ ὄντων R οὐδὲ L :
οὐ R   19 γίγνοιτο L : γίνεσθαι τὰ γινόμενα R.

12. Test. emend. :
2 λεκτέον : ἐατέον uulg.   4 δεῖ post σκέψασθαι
add. Spalding.
2 λεκτέον L : ἀετεόν R   3 αὐτὰ L : αὐτό R
κωλύει R : κωλύειν L   4 ἱκανὸν Bonitz : ἱκανῶς LR.
ἕτερον γὰρ L : ἕτερά γε R.

11.   Mas por que seria de preferência assim? Talvez se poderia dizer o contrário. Com efeito, é sem ter demonstrado a correção da crença da qual ele parte, e sem aceitar uma mais firme que aquela sobre a qual incide sua demonstração, que ele faz a sua dialética. Pois se pode sustentar que é mais verossímil que haja proveniência a partir do não-ente se a pluralidade não é. Também se diz sobre isso, não sem peso, que os não-entes vêm a ser sem que por isso a pluralidade provenha de não-entes; e não são apenas os homens comuns, mas aqueles que têm uma reputação de sabedoria, que o disseram. Já Hesíodo: "Entre todos, primeiro, diz ele, veio a ser Caos, depois Terra de amplo seio, de todas as coisas inabalável sede para sempre, e então Amor que resplandece entre todos os mortais"; o resto, diz ele, provém, mas eles não vêm de nada. Muitos outros afirmam que nada é, mas que tudo devém, dizendo que não é de entes que provém o que provém já que, de outro modo, para eles, tudo sem exceção não teria mais proveniência. Assim, é manifesto que, ao menos nos limites da opinião, é a partir de entidades que não são que pode haver proveniência.

12.   Mas, agora, é preciso dizer se o que ele diz é possível ou impossível; ora, basta examinar se isso se conclui do que ele toma a cada vez por premissa, ou se nada impede que seja de outro modo; pode ser muito bem, com efeito, que isso seja outra coisa que aquilo.

13.   Καὶ πρῶτον τεθέντος, ὃ πρῶτον λαμβάνει, μηδὲν γενέσθαι ἂν ἐκ μὴ ὄντος, ἆρα ἀνάγκη ἀγένητα ἅπαντα εἶναι, ἢ οὐδὲν κωλύει γεγονέναι ἕτερα ἐξ ἑτέρων, καὶ τοῦτο εἰς ἄπειρον ἰέναι;   Ἢ καὶ ἀνακάμπτειν κύκλῳ, ὥστε 25 τὸ ἕτερον ἐκ τοῦ ἑτέρου γεγονέναι, ἀεί τε οὕτως ὄντος τινὸς καὶ ἀπειράκις ἑκάστου γεγενημένου ἐξ ἀλλήλων;   Ὥστε οὐδὲν ἂν κωλύοιτο ἅπαντα γεγονέναι, κειμένου τοῦ μηδὲν γενέσθαι ἂν ἐκ μὴ ὄντος.

14.   Καὶ ἄπειρα ὄντα πρὸς ἐκεῖνον προσαγορεῦσαι οὐδὲν κωλύει τῶν τῷ ἑνὶ ἑπομένων ὀνομάτων. Τὸ ἅπαν γὰρ εἶναι καὶ λέγεσθαι 30 καὶ ἐκεῖνος τῷ ἀπείρῳ προσάπτει.   Οὐδέν τε κωλύει καὶ μὴ ἀπείρων ὄντων κύκλῳ αὐτῶν εἶναι τὴν γένεσιν.

15.   Ἔτι εἰ ἅπαντα γίγνεσθαι, ἔστι δὲ οὐδέν, ὥς τινες λέγουσι, πῶς ἕν ἀίδια εἴη; Ἀλλὰ γὰρ τοῦ μὲν εἶναί τι ὡς ὄντος καὶ κειμένου 35 διαλέγεται· εἰ γάρ, φησί, μὴ ἐγένετο – ἔστω δέ – ἀίδιον εἴη ὡς δέον ὑπάρχειν τὸ εἶναι τοῖς πράγμασιν.

---

13.   Test. emend. :
9 κωλύοιτο : κωλύοι τό Spalding.
2 ἀνάγκη LR : ἀνάγκηι L^sl   3 ἀγένητα ἅπαντα L :
ἀγέννητα πάντα R   5 ἀνακάμπτειν L : ἀνακάμπτει
R   9 κειμένου L : κινουμένου R.

14.   Test. emend. :
1 τὰ ante ὄντα add. Spalding.
2 τῷ ἑνὶ L : ἐν τῷ R   3 τὸ ἅπαν L : τὰ ἅπαντα R
4 προσάπτει uulg.: προσάπτειν LR.

15.   Test. emend. :
1 γίγνεσθαι : γίγνεται Urb. 108   2 ἕν : ἂν Spalding
4 ἔστω : ἔστι Spalding.
3 ἕν ante τι hab. R   5 ἀίδιον εἴη L : ἀίδιανεικ R.

13.   E, posto de início o que ele assume de início, que nada pode provir do não-ente, é necessário que todas as coisas sejam ingênitas, ou nada impede que elas não provenham umas das outras, e que esse processo vá ao infinito? A menos que, também, haja retorno cíclico, de modo que a cada vez uma provenha da outra: assim um ente determinado se conserva sempre e, um número infinito de vezes, cada um provém dos outros. De modo que todas as coisas sem exceção não seriam em nada impedidas de ter proveniência, concedido o "nada pode provir do não-ente".
14.   E chamá-los, de acordo com ele, de entes ilimitados, nenhum dos nomes que seguem o um o impedem. Pois ele também liga o fato de ser e de ser dito totalidade ao ilimitado. E nada impede que, mesmo se os entes não são ilimitados, a sua geração seja circular.
15.   Além disso, se todas as coisas sem exceção provêm, e nenhuma é, como alguns dizem, como elas seriam, como um, eternas? Bem, é que, que algo seja, ele fala disso como se fosse e se isso fosse suposto. Pois, diz ele, se não houvesse proveniência – portanto se fosse – seria eterno, com a ideia de que é preciso que o ser pertença às coisas singulares.

16.   Ἔτι εἰ καὶ ὅτι μάλιστα μήτε τὸ μὴ ὂν
ἐνδέχεται γενέσθαι μήτε ἀπολέσθαι τὸ μὴ
ὄν, ὅμως τί κωλύει τὰ μὲν γενόμενα αὐτῶν
εἶναι, τὰ δ' ἀίδια, ὡς καὶ Ἐμπεδοκλῆς λέγει;
ἅπαντα γὰρ κἀκεῖνος ταῦτα ὁμολογήσας, ὅτι   975b
« Ἐκ τοῦ μὴ ὄντος ἀμήχανόν ἐστι γενέσθαι,
τό τε ὂν ἐξόλλυσθαι ἀνήνυστον καὶ ἄπρηκτον,
ἀεὶ γὰρ θήσεσθαι ὅπῃ κέ τις αἰὲν ἐρείδῃ »,
ὅμως τῶν ὄντων τὰ μὲν ἀίδιά φησιν εἶναι,
πῦρ καὶ ὕδωρ καὶ γῆν καὶ ἀέρα, τὰ δ' ἄλλα   5
γίγνεσθαί τε καὶ γεγονέναι ἐκ τούτων. Οὐ-
δεμία γὰρ ἑτέρα, ὡς οἴεται, γένεσίς ἐστι
τοῖς οὖσιν, « Ἀλλὰ μόνον μίξις τε διάλλαξίς
τε μιγέντων ἐστί· φύσις δ' ἐπὶ τοῖς ὀνομάζεται
ἀνθρώποισιν ». Τὴν δὲ γένεσιν, εἰ πρὸς οὐσίαν,
τοῖς ἀιδίοις καὶ τῷ ὄντι γίγνεσθαι λέγει·
ἐπεὶ τοῦτό γε ἀδύνατον ᾤετο, « Πῶς γὰρ »,   10
φήσει, καὶ « Ἐπαυξήσειε τὸ πᾶν τί καὶ πόθεν
ἐλθόν'; » ἀλλὰ μισγομένων τε καὶ συντιθεμένων πυρὸς καὶ τῶν μετὰ πυρὸς γίγνεσθαι
τὰ πολλά, διαλλαττομένων τε καὶ διακρινομένων φθείρεσθαι πάλιν, καὶ εἶναι τῇ μὲν
μίξει πολλά ποτε καὶ τῇ διακρίσει, τῇ δὲ   15
φύσει τέτταρα ἄνευ τῶν αἰτίων ἢ ἕν.

---

16. Test. :
6-8 Emp. 46 B.   9-11 cf. Emp. 31, 17 B. 13-15 Emp. 53, 3-4 B.
18-19 Emp. 31, 31 B.
Test. emend. :
2 μὴ del. Spalding   15 εἰ : οὐ Fülleborn.
5 ταῦτα L : ταὐτά R   6 ἐκ τοῦ μὴ ὄντος L : ἐκτέμνοντες R
8 κέ L : καί R   ἐρείδῃ L : ἐρεῖ δέ R
9 φησιν εἶναι L : εἶναί φησι R   13 μίξις τε R : μίξις
τε καὶ L   15 εἰ πρὸς οὐσίαν L : προσιοῦσαν R
16 ὄντι L : ὅτι R   17 ἐπεὶ L : ἐπὶ R   ᾤετο L : ὥστε R
πῶς γάρ L : τὸ πῶς γ' ἂν R   18 ἐπαυξήσειε τὸ
πᾶν τί rest. Spalding : ἐπαυξησείετο παντί L : ἐπάρξις
ἵετο παντί R   καὶ L : τε καὶ R   19 ἐλθόν R :
ἐλθών L   μισγομένων R : σμιγομένων L
19-20 συντιθεμένων L[pc] R : συντιθέτων L[ac]
21 διαλλαττομένων τε R : διαλλομένων δὲ L   22 πάλιν L :
πλὴν R   23 ποτε L : τε R.

16.   Além disso, mesmo se não convém, sobretudo, que o não-ente advenha nem que o não-ente pereça, o que impede que, entre as coisas, umas tenham tido proveniência e outras sejam eternas, como justamente o diz Empédocles? Tendo, com efeito, concedido 975b tudo isso: "Do não-ente não há meio de provir, e que o ente seja nadificado, é interminável e impraticável, pois ele seria a cada vez posto lá onde a cada vez nos apoiamos", ele afirma, no entanto, que, dentre os entes, uns são eternos – fogo, água, terra e ar –, enquanto 5 que os outros vêm a ser e são provenientes deles. Pois não há, a seu ver, outro tipo de proveniência para os entes: "Mas só há mistura e troca de elementos misturados; 'nascimento' é seu nome entre os homens". Mas a proveniência, se ela dissesse respeito à essência, ele diz que ela adviria aos elementos eternos e ao ente; já que justamente isso ele acreditava ser impossível, ele se 10 perguntará "Como então?" e "O que poderia ser acrescentado ao todo, surgindo de onde?"; é, ao contrário, da mistura e da composição do fogo e dos elementos que o acompanham que provêm as coisas múltiplas, e da sua separação e da sua divisão que, por sua vez, elas perecem; e pela mistura e pela separação, há, a um momento dado, pluralidade, mas por natureza há 15 a quadruplicidade sem contar as causas ou unidade.

17.   Ἤ εἰ καὶ ἄπειρα εὐθὺς ταῦτα εἴη ἐξ
ὧν συντιθεμένων γίγνεται, διακρινομένων
δὲ φθείρεται, ὡς καὶ τὸν Ἀναξαγόραν φασί
τινες λέγειν ἐξ ἀεὶ ὄντων καὶ ἀπείρων τὰ
γιγνόμενα γίγνεσθαι, κἂν οὕτως οὐκ ἂν εἴη
ἀίδια πάντα, ἀλλὰ καὶ γιγνόμενα ἄττα καὶ   20
γενόμενά τ' ἐξ ὄντων καὶ φθειρόμενα εἰς
οὐσίας τινὰς ἄλλας.

18.   Ἔτι οὐδὲν κωλύει μίαν τινὰ οὖσαν τὸ
πᾶν μορφήν, ὡς καὶ ὁ Ἀναξίμανδρος καὶ ὁ
Ἀναξιμένης λέγουσιν, ὃ μὲν ὕδωρ εἶναι φά-
μενος τὸ πᾶν, ὃ δέ, ὁ Ἀναξιμένης, ἀέρα, καὶ
ὅσοι ἄλλοι οὕτως εἶναι τὸ πᾶν ἓν ἠξιώκασιν· 25
τοῦτο ἤδη σχήμασί τε καὶ πλήθεσι καὶ ὀλιγότητι καὶ τῷ μανὸν ἢ πυκνὸν γίγνεσθαι, πολλὰ
καὶ ἄπειρα ὄντα τε καὶ γιγνόμενα ἀπεργάζεθαι
τὸ ὅλον. Φησὶ δὲ καὶ ὁ Δημόκριτος τὸ
ὕδωρ τε καὶ τὸν ἀέρα ἕκαστόν τε τῶν πολλῶν,
τοῦτὸ ὄν, ῥυθμῷ διαφέρειν. Τί δεῖ κωλύειν καὶ οὕτως τὰ πολλὰ γίγνεσθαί τε καὶ   30
ἀπόλλυσθαι, ἐξ ὄντος ἀεὶ εἰς ὂν μεταβάλλοντος ταῖς εἰρημέναις διαφοραῖς τοῦ ἑνός, καὶ
οὐδὲν οὔτε πλέονος οὔτε ἐλάττονος γιγνομένου
τοῦ ὅλου; Ἔτι τί κωλύει πολλὰ μὲν ἐξ
ἄλλων τὰ σώματα γίγνεσθαι καὶ διαλύεσθαι
εἰς σώματα, οὕτως δὴ ἀναλυόμενα καὶ ἴσα, γίγνεσθαί
τε καὶ ἀπόλλυσθαι πάλιν;

---

17. 1 ἢ εἰ R : εἴη L   ταῦτα εἴη L : εἴη ταῦτα R.
18. Test. emend. :
    6 πλήθεσι : πλήθει Diels   11 τοῦτο : ταὐτὸ Sylburg
    11-12 κωλύειν : κωλύει uulg.   18 δὴ ἀναλυόμενα :
    δ'ἀεὶ ἀναλυόμενα Diels   καὶ ἴσα : κατ' ἴσα Kern.
    2 ὁ ante Ἀναξιμένης om. L   11 δεῖ L : δὴ R
    13 εἰς L : ἐς R   16 πολλὰ L : ποτὲ R
    17-18 γίγνεσθαι – καὶ ἴσα om. R.

17.   Ou ainda, se no início esses elementos são também ilimitados, cuja composição engendra e cuja divisão destrói – como alguns contam que Anaxágoras justamente diz que de entes sempre eternos e ilimitados provém o que provém –, mesmo então todas as coisas não seriam eternas, mas algumas viriam a ser, as quais seriam provenientes de entes e pereceriam em outras essências.

18.   Além disso, nada impede o todo de ser uma forma que seja em um sentido una, como Anaximandro e Anaxímenes o dizem, ora afirmando que o todo é água, e ora, a saber, Anaxímenes, que é ar, assim como os outros, todos, tantos quantos eles são, que consideraram que o todo é um desta maneira. A partir daí, esse todo, pelas figuras e pela quantidade de cada uma, pela limitação do número, pelo devir rarefeito ou denso, faz, de coisas que ao mesmo tempo são e devêm múltiplas e ilimitadas, o conjunto do mundo. Demócrito também declara que a água, o ar e cada uma das coisas múltiplas, sendo esse todo, só diferem pela modulação. Por que é preciso impedir, assim, que também as coisas múltiplas nasçam e pereçam, na medida em que o um se transforma, sem cessar, de ente em ente, pelas diferenças anteriormente ditas, sem que o conjunto se torne de modo algum nem maior nem menor? Além disso, o que impede que, em sua multiplicidade, os corpos provenham de outros corpos e se dissolvam em corpos e que, então, assim resolvidos e iguais, eles, em retorno, nasçam e pereçam?

19.   Εἰ δὲ καὶ ταῦτά τις συγχωροίη καὶ εἴη τε   35
καὶ ἀγένητον εἴη, τί μᾶλλον ἄπειρον δείκνυται; Ἄπειρον γὰρ εἶναί φησιν, εἰ ἔστι μέν, μὴ
γέγονε δέ· πέρατα γὰρ εἶναι τὴν τῆς γενέσεως
ἀρχήν τε καὶ τελευτήν. Καίτοι τί κωλύει,
ἀγένητον ὄν, ἔχειν πέρας ἐκ τῶν εἰρημένων;
εἰ γὰρ ἐγένετο, ἔχειν ἀρχὴν ἀξιοῖ ταύτην
ὅθεν ἤρξατο γιγνόμενα. Τί δὲ κωλύει καὶ εἰ   976a
μὴ ἐγένετο ἔχειν ἀρχήν, οὐ μέντοι γε ἐξ ἧς
γε ἐγένετο, ἀλλὰ καὶ ἑτέραν, καὶ εἶναι περ-
αίνοντα πρὸς ἄλληλα, ἀίδια ὄντα;
20.   Ἔτι τί κωλύει τὸ μὲν ὅλον, ἀγένητον ὄν,
ἄπειρον εἶναι, τὰ δὲ ἐν αὐτῷ γιγνόμενα   5
πεπεράνθαι, ἔχοντα ἀρχὴν καὶ τελευτὴν γενέσεως;
21.   Ἔτι καὶ ὡς ὁ Παρμενίδης φησί, τί κωλύει
καὶ τὸ πᾶν ἓν ὂν καὶ ἀγένητον ὅμως πεπεράνθαι, καὶ εἶναι « Πάντοθεν εὐκύκλου σφαίρας
ἐναλίγκιον ὄγκον μεσσόθεν ἰσοπαλὲς πάντῃ·
τὸ γὰρ οὔτε τι μεῖζον οὔτε τι βαιότερον εἶναι
μέχρι ὧν ἔστι τῇ ἢ τῇ ». Ἔχον δὲ μέσον καὶ   10
ἔσχατα, πέρας ἔχει ἀγένητον ὄν· ἐπεί, εἰ
καὶ ὡς αὐτὸς λέγει ἕν ἐστι, καὶ τοῦτο σῶμα,
ἔχει ἄλλα ἑαυτοῦ μέρη, τὰ δὲ ὅμοια πάντα·
καὶ γὰρ ὅμοιον οὕτω λέγει τὸ πᾶν εἶναι οὐχὶ
ὡς ἄλλῳ τινί.

---

19. Test. emend. :
8 γιγνόμενα : γιγνόμενον Bergk.
2 εἴη om. R   4 γέγονε δέ Sylburg : γεγονέναι LR
7 ἔχειν ἀρχὴν L : ἀρχὴν ἔχειν R   8 ἤρξατο γιγνόμενα L :
γίγνοιτο εἰ γιγνόμενα R.

21. Test. :
3-6 uid. Parm. 28 B 8, 43-45 DK ; cf. X., 14.,14 s.
Test. emend. :
5-6 εἶναι μέχρι ὧν : πελέμεν χρεών Spalding 7-8
ἐπεί : <ἔτι ὂν ἅ> πει <ρον> Apelt   11 ὡς ἄλλῳ
τινί : ὡς ἄλλοι ἑτέρῳ τινί Beck.
3 εὐκύκλου L : ἐγκύκλου R   4 ὄγκον L : ὄγκῳ R
ἰσοπαλὲς L : βαιβεότερον R   5 οὔτε pr. L : ὅτε R
βαιότερον L : βαιβεότερον R   6 ὧν (ων) Lac : ὂν
R Lpc   τῇ ἢ τῇ uulg. : τῆητη R : τ lacuna VI litt. L
7-8 ὄν· ἐπεὶ εἰ καὶ R : ὂν lacuna V litt. ποιεῖ καί L
10-11 οὐχὶ ὡς ἄλλῳ τινί suppl. Diels : οὐχὶ ὡς ἀλλ
lacuna VI litt. τινι L : οὐ lacuna VI litt. ἄλλῳ τινὶ R.

19.   Mas mesmo que nós estivéssemos de acordo 35
com essas proposições, que seja e que seja engendrado, em que isso é mostrado, antes, como ilimitado? Com efeito, ele diz que é ilimitado se é sem ter provindo. Pois limites são o princípio e o fim do devir. No entanto, o que impede que, mesmo sendo ingênito, isso tenha um limite a partir do que dissemos? Com efeito, se isso tivesse proveniência, ele estima que isso teria por princípio aquele mesmo em que isso teria tido princípio como coisas em devir. Mas o que impede que, 976a mesmo se isso não tivesse proveniência, isso tivesse um princípio – não, é claro, um de onde ele proviria, mas um de um outro tipo ainda –, e que sejam coisas que se limitam mutuamente mesmo sendo eternas?

20.   Além disso, o que impede que o conjunto, sendo ingênito, seja ilimitado, ao passo que as coisas que são 5 engendradas nele são limitadas, tendo um princípio e um fim de sua gênese?

21.   Além disso, como o diz Parmênides, o que impede que o todo, mesmo sendo um e ingênito, seja, no entanto, limitado e seja "Massa por toda parte semelhante de uma esfera bem arredondada, com, a partir do centro, uma força igual; pois não é, em nada, nem maior nem menor nos limites em que é, aqui ou ali". Tendo um centro e extremidades, tem um limite, 10 mesmo sendo ingênito; já que, se é como ele próprio o afirma, é também um corpo, então tem em si partes distintas; e, de fato, é nesse sentido que ele diz que o todo é semelhante, e não como semelhante a algo diferente.

22.   † Ὅπερ Ἀθηναγόρας † ἐλέγχει ὅτι ὅμοιον
τὸ ἄπειρον. Τό γε ὅμοιον ἑτέρῳ ὅμοιον, ὥστε
δύο ἢ πλείω ὄντα, οὐκ ἂν ἓν οὐδὲ ἄπειρον
εἶναι· ἀλλ' ἴσως τὸ ὅμοιον πρὸς τὸ αὐτὸ λέγει,
καί φησιν αὐτὸ ὅμοιον εἶναι πᾶν ὅτι ὁμοιομερές,
ὕδωρ ὂν ἅπαν ἢ γῆ ἤ τι τοιοῦτον ἄλλο. Δῆλος
γὰρ οὕτως ἀξιῶν εἶναι ἕν, τῶν δὴ μερῶν
ἕκαστον σῶμα ὂν οὐκ ἄπειρόν ἐστι· τὸ γὰρ
ὅλον ἄπειρον, ὥστε ταῦτα περαίνει πρὸς ἄλληλα ἀγένητα ὄντα.

23.   Ἔτι εἰ ἀίδιόν τε καὶ ἄπειρόν ἐστι, πῶς ἂν
εἴη ἕν, σῶμα ὄν;   Εἰ μὲν γὰρ ἀνομοιομερῶν εἴη, πολλὰ καὶ αὐτὸς οὕτω γίγνεσθαι
ἀξιοῖ.   Εἰ δὲ ἅπαν ὕδωρ ἢ ἅπαν γῆ, ἢ ὅτι
δὴ τὸ ὂν τοῦτ' ἐστί, πόλλ' ἂν ἔχοι μέρη, ὡς
καὶ Ζήνων ἐπιχειρεῖ ὂν δεικνύναι τὸ οὕτως
ὂν ἕν· εἴη οὖν ἂν καὶ πλείονα τὰ αὐτοῦ μέρη
ἐλαττόνων τε καὶ μικροτέρων ἄλλ<ων
ὥσ>τε πάντῃ ἂν ταύτῃ ἀλλοῖον εἴη, οὐδὲν
προσγιγνομένου σώματος οὐδ' ἀπογιγνομένου.

Εἰ δὲ μήτε σῶμα μήτε πλάτος μήτε
μῆκος ἔχοι μηδέν, πῶς ἂν ἄπειρον ἂν εἴη;

Τί κωλύει, καὶ ἓν ἀριθμῷ, τοιαῦτα εἶναι;

---

22. Test. emend.:
1 ὅπερ Ἀθηναγόρας: ὃ περανθὲν ἄν, ὁρᾷς Apelt:
ὃ πέρας εἶναι ὁρίσας Wiesner.
1 ὅπερ Ἀθηναγόρας (ο ex ε?) ἐλέγχει ὅτι L: ὃ
περαθῆναι ὁρᾷς ἐλέγχει εἴ τι R   4 τὸ αὐτὸ L:
αὐτὸ R   5 φησιν L^pcR: φύσιν L^ac   6 ὂν LpcR:
ὢν L^ac   ἡ γῆ ἤ τι L: ἢ γῆν εἴ τι R   7 δὴ
μερῶν L: διμερῶν R.

23. Test. emend.:
7 πλείονα τὰ: πλείον' ἄττα Diels   8-9 ἐλαττόνων
τε καὶ μικροτέρων ἄλλ<ων ὥσ> τε: ἐλάττον' ὄντα
καὶ μικρότερ' ἄλλα <ἄλλων ὥσ> τε Diels   12 ἂν
alt.: τὸ ἓν Diels   13 ἢ ante τί add. Cook Wilson
ἓν ἀριθμῷ: ἀνάριθμα Bern. 402.
2 ἕν, σῶμα L: ἓν lacuna II litt. R   2-3 ἀνομοιομερῶν L:
ἀνομοίων ἀμερῶν R   3 γίγνεσθαι
(γίνεσθαι) L: γ'εἶναι R   4 ἅπαν γῆ L: ἅπασαν
γῆν R   δὴ L^pcR: δεῖ L^ac   7 τὰ om. R   8-9
ἄλλ<ων ὥσ> τε suppl. auct. Diels: ἀλλ lacuna VI
litt. τε L: ἀλλαί τε R   9 οὐδὲν L: οὐδενὸς R
12 ἔχοι L: ἔχον R   13 κωλύει L^pcR: κωλύοι L^ac
πολλὰ ante καὶ hab. R   ἓν ἀριθμῷ L:
ἐνάριθμα R.

22.   * Ora, é o que Atenágoras * refuta, dizendo que é o ilimitado que é semelhante. Para o semelhante que é semelhante a algo diferente, de tal modo que há dois entes ou mais, ele não seria um e também não seria ilimitado; mas talvez ele fale do semelhante com referência ao mesmo, e diz ele que é semelhante em seu todo porque constituído de partes semelhantes, sendo todo inteiro água, ou terra, ou outra coisa desse gênero. Visivelmente, com efeito, ele pensa que assim isso é um, enquanto que cada uma das partes, sendo um corpo, não é ilimitado; pois é o conjunto que é ilimitado, de modo que as partes se limitam umas às outras mesmo sendo ingênitas.

23.   Além disso, se é eterno e ilimitado, como seria um, sendo um corpo? Com efeito, se é constituído de partes não semelhantes, ele próprio considera que isso se torna assim múltiplo. E se fosse inteiramente água, ou inteiramente terra, ou o que pode ainda ser o ente assim feito, ele teria partes múltiplas, como Zenão se dá o trabalho de mostrar o que é o um que é dessa matéria; nesse caso, suas partes seriam mais múltiplas ainda, partes de partes menos numerosas e elas mesmas menores que outras, de modo que, dessa maneira, isso seria por toda parte diferente, sem que do corpo, em nada, venha se acrescentar nem desaparecer. Mas se isso não tem corpo, nem comprimento nem largura de qualquer tipo, como isso poderia ainda ser ilimitado? O que impede que, mesmo sendo um pelo número, haja essas partes?

24.   Τί κωλύει, καὶ πλείω ὄντα ἑνός, μεγέθει ἄπειρα εἶναι; ὡς καὶ ὁ Ξενοφάνης ἄπειρον τό τε βάθος τῆς γῆς καὶ τοῦ ἀέρος φησὶν εἶναι. Δηλοῖ δὲ καὶ ὁ Ἐμπεδοκλῆς· ἐπιτιμᾷ γὰρ ὡς λεγόντων τινῶν τοιαῦτα· ἀδύνατον εἶναι οὕτως ἐχόντων ξυμβαίνειν αὐτά « Εἴπερ ἀπείρονα γῆς 35 τε βάθη καὶ δαψιλὸς αἰθήρ, ὡς διὰ πολλῶν δὴ βροτέων ῥηθέντα ματαίως ἐκκέχυται στομάτων, ὀλίγον τοῦ παντὸς ἰδόντων ».

25.   Ἔτι ἓν ὂν οὐδὲν ἄτοπον, εἰ μὴ πάντῃ ὅμοιόν ἐστιν. Εἰ γάρ ἐστιν ὕδωρ ἅπαν ἢ 976b πῦρ ἢ ὅτι δὴ ἄλλο τοιοῦτον, οὐδὲν κωλύει πλείω εἰπεῖν τοῦ ὄντος ἑνός, εἰ δὴ δεῖ ἕκαστον ὅμοιον αὐτὸ ἑαυτῷ· καὶ γὰρ μανόν τὸ δὲ πυκνὸν εἶναι, μὴ ὄντος ἐν τῷ μανῷ κενοῦ· οὐδὲν κωλύειν γὰρ τὸ μανόν – οὐκ ἔστιν ἔν τισι μέρεσι χωρὶς ἀποκεκριμένον τὸ κενόν, 5 ὡς τὸ τοῦ ὅλου τὸ μὲν πυκνόν εἶναι, καὶ τοῦτ' ἤδη ἐστὶ μανὸν τὸ πᾶν οὕτως ἔχον, ἀλλ' ὁμοίως ἅπαν πλῆρες ὄν, ὁμοίως ἧττον πλῆρές ἐστι τοῦ πυκνοῦ.

---

24. Test.:
4-7 uid. Emp. 240 B.
Test. emend.:
1 ἔτι ante τί add. Cook Wilson.
1 μεγέθει L : μεγέθη R   2 ὁ om. R   5 ἀδύνατον L : ἀδύνατα R   7 ὡς L : ὅς R   9 ὀλίγον om. R.
25. Test. emend.:
4 εἰ δὴ δεῖ : εἴδη, ἰδίᾳ Apelt   7 κωλύειν : κωλύει.
ἐν Bonitz   9 ὡς τὸ : ὥστε Mullach   τὸ δὲ μὴ πυκνὸν post πυκνὸν add. Diels.
1 ἓν ὂν L : ὂν ἓν R   2 εἰ L Rac : εἷς Rpc   4 εἰ δὴ δεῖ Lpc : οὗ δὴ δεῖ Lac : εἰ δὴ δι' R   6 ἐν L : τοῦ R   7 τὸ μανόν L : τῷ μανῷ R   ἔν L : ἓν R   9 πυκνὸν εἶναι L : εἶναι πυκνόν R   9-10 τοῦτ' ἤδη L : τουτί δὴ R.

24.   O que impede que, mesmo sendo mais de um, eles sejam ilimitados em extensão? Assim, Xenófanes diz que são ilimitadas a profundidade da terra assim como a do ar. É o que mostra também Empédocles, pois ele se indigna com o fato de que se sustentem tais afirmações: impossível, sendo as coisas o que elas são, que esses ilimitados se produzam: "Se são ilimitados 35 as profundezas da terra e o imenso éter, como palavras vãs que correm da boca de muitos mortais que veem tão pouco do todo".

25.   Além disso, se é um, não há nada de absurdo no fato de que isso não seja em toda parte semelhante. Pois se é inteiramente água, ou fogo, ou qualquer outra 976b coisa desse gênero, nada impede de dizer que é mais que o ente um, se, é claro, é preciso que cada um seja semelhante ele próprio a si próprio: e, por esse fato, rarefeito é o que, por outro lado, é denso, se o vazio não está no rarefeito; pois o rarefeito não o impede em nada – não há em certas partes, como que destacado à 5 parte, o vazio, já que o que é de início denso é denso do conjunto, e já é ser rarefeito encontrar-se assim denso em todos os pontos; ao contrário, como é de maneira semelhante de modo inteiramente denso, é de maneira semelhante menos cheio que o denso.

26.   Εἰ δὲ καὶ ἔστιν, ἀγένητόν ἐστι· καὶ διὰ
τοῦτο ἄπειρον δοθείη εἶναι, καὶ μὴ ἐνδέχεσθαι
ἄλλο καὶ ἄλλο ἄπειρον εἶναι· διὰ τί καὶ ἓν
τοῦτο ἤδη προσαγορευτέον; καὶ ἀδύνατον·
πῶς γάρ; ἢ τὸ ἄπειρον, ὅσον ᾖ, τὸ μὴ
† ὅλον ἂν οἷόν τε εἶναι †.

27.   Ἀκίνητον δ' εἶναί, φησίν, εἰ κενὸν μὴ
ἔστιν· ἅπαντα γὰρ κινεῖσθαι τῷ ἀλλάττειν
τόπον. Πρῶτον μὲν οὖν τοῦτο πολλοῖς οὐ
συνδοκεῖ, ἀλλ' εἶναί τι κενόν, οὐ μέντοι τοῦτο
γέ τι σῶμα εἶναι, ἀλλ' οἷον καὶ ὁ Ἡσίοδος ἐν
τῇ γενέσει πρῶτον τὸ Χάος φησὶ γενέσθαι,
ὡς δέον χώραν πρῶτον ὑπάρχειν τοῖς οὖσι·
τοιοῦτον δέ τι καὶ τὸ κενὸν οἷον ἀγγεῖόν τι
ἀνὰ μέσον εἶναι ζητοῦμεν.

---

26. Test. emend. :
1 καὶ ante ἀγένητον add. Bonitz   καὶ : κἂν Diels
3 τὸ ante ἓν add. Wiesner   4 καὶ ἀδύνατον : καὶ
ἀγένητον Kern : καὶ ἄπειρον Fel. : οὐκ ἀδύνατον
Apelt : καὶ ἀκίνητον Spengel, Diels-Kranz, Wiesner:
post ἀδύνατον lac. stat. Diels   5-6 ἢ τὸ ἄπειρον,
ὅσον ᾖ, τὸ μὴ ὅλον ἂν οἷόν τε εἶναι : εἰ τὸ ἄπειρον
ὅλον εἴη, τὸ κενὸν μὴ ὅλον ὂν οἷον τε εἶναι Diels.
2 ἄπειρον δοθείη L : δοθείη ἄπειρον R   μὴ L :
μηδὲ R   3 διὰ τί L : διὰ τοῦτο R   ἓν L : ἐν R
4 προσαγορευτέον L : προαγορευτέον ης R   5 ᾖ
L : ἂν R   ᾖ scr. : ἢ L : ἢ R   κενὸν ante μὴ hab. R
6 οἷόν τε R : οἴονται L.

27. Test. :
6-7: uid. Hes. Theog., 116, et supra, 11., 12.
Test emend. :
9 οὔ τὸ ante ἀνὰ add. Diels.
1 μὴ L : μὲν R   7 δέον L : δὲ R.

26.	Mas se é, é ingênito; e, por essa razão, poderíamos conceder que é ilimitado, e que não convém que haja um ilimitado, e depois outro. Por que é necessário dar, então, como predicado disso, ainda essa unidade? De resto, é impossível. Pois como? Será que o ilimitado, na medida em que ele é, * poderia não ser o conjunto? *

27.	Por outro lado, é imóvel, diz ele, se não há vazio. Pois tudo sem exceção se move por mudança de lugar. Ora, primeiramente, muitos não estão de acordo com isso, mas pensam que há o vazio, mesmo se isso não é um corpo: Hesíodo, por exemplo, diz que, na gênese, o Caos nasceu primeiro porque é necessário que um espaço primeiramente seja um fundo para os entes; ora, nós procuramos justamente que o vazio seja algo desse gênero, como um vaso em seu espaço interior.

28.   Ἀλλὰ δὴ καὶ εἰ μὴ ἔστι κενόν, μηδέν τι ἧσσον ἂν κινοῖτο· ἐπεὶ καὶ Ἀναξαγόρας τὸ πρὸς αὐτὸ πραγματευθείς, καὶ οὐ μόνον ἀπορῆσαν αὐτῷ ἀποφήνασθαι ὅτι οὐκ ἔστιν, ὅμως κινεῖσθαί φησι τὰ ὄντα οὐκ ὄντος κενοῦ.
Ὁμοίως δὲ καὶ ὁ Ἐμπεδοκλῆς κινεῖσθαι μὲν ἀεί φησι, συγκρινόμενα τὸν ἅπαντα ἐνδεεχῶς χρόνον, <κενὸν> δὲ οὐδὲν εἶναι, λέγων ὡς « Τοῦ παντὸς δὲ οὐδὲν κενεόν· πόθεν οὖν τί κ' ἐπέλθοι; ». Ὅταν δὲ εἰς μίαν μορφὴν συγκριθῇ ὥσθ' ἓν εἶναι, « Οὐδέν, φησί, τό γε κενεὸν πέλει οὐδὲ περισσόν ». Τί γὰρ κωλύει εἰς ἄλληλα φέρεσθαι καὶ περιίστασθαι ἅμα ὁτουοῦν εἰς ἄλλο καὶ τούτου εἰς ἕτερον, καὶ εἰ τὸ πρῶτον, ἄλλου μεταβάλλοντος ἀεί;

29.   Ἔτι καὶ τὴν ἐν τῷ αὐτῷ μένοντος τοῦ πράγματος τόπῳ τοῦ εἴδους μεταβολήν, ἣν ἀλλοίωσιν οἵ τ' ἄλλοι κἀκεῖνος λέγει, ἐκ τῶν εἰρημένων οὐδὲν κωλύει κινεῖσθαι τὰ πράγματα, ὅταν ἐκ λευκοῦ μέλαν ἢ ἐκ πικροῦ γίγνηται γλυκύ; οὐδὲν γὰρ τὸ μὴ εἶναι κενὸν ἢ μὴ δέχεσθαι τὸ πλῆρες ἀλλοιοῦσθαι κωλύει.

---

28. Test. :
9-10 uid. Emp. 48 B.   11-12 Emp. 96 B.
Test. emend. :
7 τὸν ἅπαντα : τὰ ὄντα πάντα Apelt.
1-2 μηδέν τι ἧσσον L : μηδέ τι ἧσος R   3 πρὸς uulg. : πρὸ LR   4 αὐτῷ R : αὐτὸ L   7 συγκριννόμενα L : συγκοινόμενα R   8 <κενὸν> add. Apelt   δὲ om. R   9 δὲ οὐδὲν L : οὐδὲ R   κενεόν R : κεν lacuna IV litt. L   πόθεν uulg. : πόθον LR   11 ὥσθ' ἓν Beck : ὡσθέν L : ὡς ἓν R   15 εἰ L : εἰς R.

29. Test. emend. :
1 ἔτι : τί Diels.
4 οὐδὲν Bollack : αὐτῷ LR   6 γίγνηται L : γένηται R.

28.   Mas, se não há vazio, isso também não poderia se mover. Assim, Anaxágoras, tratando do mesmo problema, não contente de mostrar que não há vazio, diz que os entes se movem, no entanto, sem que o vazio seja. De modo parecido, Empédocles diz que as coisas se movem sem cessar, misturando-se durante toda a duração sem fim do tempo, sem que haja vazio algum, afirmando que: "No seio do todo, nenhum vazio; de onde, então, e o que poderia se acrescentar?" E quando elas se reúnem em uma só forma de maneira a não ser senão um, "em nada, diz ele, esse um é vazio, nem também sobrecarregado". O que impede, com efeito, que elas se movam umas em relação às outras e se desloquem de modo circular, uma qualquer na direção da outra, e ao mesmo tempo esta ainda na direção de uma outra, e se a primeira muda de lugar, uma outra muda sem cessar?

29.   Além disso, quanto à mudança de forma quando a coisa permanece no mesmo lugar, que ele, como os outros, chama de alteração, nada impede a partir do que ele disse que as coisas efetivas sejam movidas, como quando do branco nasce o negro ou do amargo, o doce; pois não é de forma alguma o fato de que não haja vazio ou que o pleno não possa acolher, que impede de se alterar.

30.   Ὥστ' οὔθ' ἅπαντα ἀίδια οὔθ' ἓν οὔτ'   35
ἄπειρον ἀνάγκη εἶναι, ἀλλ' ἄπειρα πολλά,
οὔτε ἓν θ' ὅμοιον οὔτ' ἀκίνητον, οὔτ' εἰ ἓν
οὔτ' εἰ πολλ' ἄττα.

31.   Τούτων δὲ κειμένων καὶ μετακοσμεῖσθαι
καὶ ἑτεροιοῦσθαι τὰ ὄντα οὐδὲν ἂν κωλύοι
ἐκ τῶν ὑπ' ἐκείνου εἰρημένων· καὶ ἑνὸς ὄντος   977a
τοῦ παντός, κινήσεως οὔσης, καὶ πλήθει καὶ
ὀλιγότητι διαφέροντος καὶ ἀλλοιουμένου, οὐδενὸς προσγιγνομένου, εἰ δ' ἄρα τινός, οὐ τοῦ
σώματος· καὶ εἰ πολλά, συμμισγομένων καὶ
διακρινομένων ἀλλήλοις. Τὴν γὰρ μίξιν οὔτ'
ἐπιπρόσθησιν τοιαύτην εἶναι οὔτε σύνθεσιν   5
εἰκὸς οἵαν λέγειν ὥστε ἢ χωρὶς εὐθὺς εἶναι,
ἢ καὶ ἀποστρεφθέντος, ἐπίπροσθεν ἕτερα
ἑτέρων φαίνεσθαι χωρὶς ἀλλήλων ταῦτα,
ἀλλ' οὕτως συγκεῖσθαι ταχθέντα ὥστε
ὁτιοῦν τοῦ μιγνυμένου παρ' ὁτιοῦν ᾧ μίγνυσθαι
μέρος οὕτως ὡς μὴ ἀναληφθῆναι συγκείμενα,
ἀλλὰ μεμιγμένα, μηδ' ὁποιαοῦν αὐτῷ μέρη.   10
Ἐπεὶ γὰρ οὐκ ἔστι σῶμα τὸ ἐλάχιστον, ἅπαν
ἅπαντι μέρος μέμικται ὁμοίως καὶ τὸ ὅλον.

---

30. Test. emend. :
  1 οὔθ' ἓν del. Diels   2 ἀλλ': οὔτε Fel.   3 θ':
  οὔθ' Diels.

31. Test. emend. :
  6 εἰ δ' ἄρα τινός, οὐ : οὐδ' ἀπογιγνομένου Kern
  10 λέγειν : λέγει Sylburg   11 ἀποστρεφθέντος :
  ἀποτριφθέντος Apelt : ἀποτριφθέντων ὅσ' Cook Wilson
  14 μίγνυσθαι : μίγνυται γίγνεσθαι Apelt
  15 ὡς μὴ ἀναληφθῆναι : ὥσ <τε> μὴ ἂν ληφθῆναι
  Cook Wilson   16 ὁποιαοῦν αὐτῷ : ὁποσαοῦν αὐτοῦ
  Diels   17 τὸ : τι Apelt.
  2 τὰ ὄντα om. R   οὐδὲν ἂν κωλύοι Apelt : οὐδένα
  κωλύει LR   3 ὑπ' ἐκείνου L : ἐκείνῳ R   7 συμμισγομένων
  (συμυσγ.) L : συμμιγομένων R   8 διακρινομένων L :
  συνδιακρινομένων R   9 ἐπιπρόσθησιν L :
  ἐπιπρόσθεσιν R   12 ἑτέρων L : ἑταίρων
  R   φαίνεσθαι L : φαίρεσθαι R   14 τοῦ om. R
  ᾧ μίγνυσθαι R : ὁμίγνυσθαι L   16 μεδ' ὁποιαοῦν
  R : μὴ δὴ ποιαοῦν L.

30. Assim todas as coisas não são eternas, e também 35
não é necessário que seja nem um nem ilimitado, mas
há muitos ilimitados; também não é necessário nem
que seja um e homogêneo, nem que seja imóvel, nem
se é um, nem se é uma pluralidade qualquer.

31. Isso posto, nada pode impedir, a partir do que
ele próprio diz, que os entes se reordenem e se alterem:
e se o todo é um, como há movimento, ele difere segun- 977a
do o muito e o pouco sem que nada se acrescente, se é
que em algum momento algo o faz, que não pertence
ao corpo; e se há muitos entes, eles se misturam e se
separam entre si. Pois a mistura, não é verossímil que 5
ela seja nem uma superposição de camadas nem uma
composição, formas próprias para dizer disso que ou
há aí, de saída, separação, ou, um retorno tendo sido
operado, os elementos misturados aparecem uns acima
dos outros em sua separação mútua; eles são, antes,
compostos em uma tal ordem que toda parte do que se
mistura está junto de toda parte disso que é misturado,
de modo que uma vez compostas, elas não podem mais
retornar à sua natureza, mas tendo entrado na mistura,
elas não são disso nem mesmo partes quaisquer. Já que, 10
com efeito, não há corpo que seja último, toda parte
está misturada a toda outra, à imagem do conjunto.

ΠΕΡΙ ΞΕΝΟΦΑΝΟΥΣ

X, 1.   Ἀδύνατόν φησιν εἶναι, εἴ τι ἔστι, γενέσθαι, τοῦτο λέγων ἐπὶ τοῦ θεοῦ. Ἀνάγκη γὰρ ἤτοι ἐξ ὁμοίου ἢ ἐξ ἀνομοίου γενέσθαι τὸ γενόμενον· δυνατὸν δὲ οὐδέτερον. Οὔτε γὰρ ὅμοιον ὑφ' ὁμοίου προσήκειν τεκνωθῆναι μᾶλλον ἢ τεκνῶσαι (ταὐτὰ γὰρ ἅπαντα τοῖς γε ἴσοις καὶ ὁμοίως ὑπάρχειν πρὸς ἄλληλα), οὔτ' ἂν ἐξ ἀνομοίου τἀνόμοιον γενέσθαι· εἰ γὰρ γίγνοιτο ἐξ ἀσθενεστέρου τὸ ἰσχυρότερον ἢ ἐξ ἐλάττονος τὸ μεῖζον ἢ ἐκ χείρονος τὸ κρεῖττον, ἢ τοὐναντίον τὰ χείρω ἐκ τῶν κρειττόνων, τὸ οὐκ ὂν ἐξ ὄντος ἂν γενέσθαι, ὅπερ ἀδύνατον. Ἀίδιον μὲν οὖν διὰ ταῦτα εἶναι τὸν θεόν.

2.   Εἰ δ' ἔστιν ὁ θεὸς ἁπάντων κράτιστον, ἕνα, φησίν, αὐτὸν προσήκειν εἶναι. Εἰ γὰρ δύο ἢ πλείους εἶεν, οὐκ ἂν ἔτι κράτιστον καὶ βέλτιστον αὐτῶν εἶναι πάντων· ἕκαστος γὰρ ὢν θεὸς τῶν πολλῶν, ὁμοίως ἂν τοιοῦτος εἴη· τοῦτο γὰρ θεὸν καὶ θεοῦ δύναμιν εἶναι κρατεῖν ἀλλὰ μὴ κρατεῖσθαι, καὶ πάντα κρατεῖσθαι εἶναι ὥστε καθὸ μὴ κρείττων, κατὰ τοσοῦτον οὐκ εἶναι θεόν. Πλειόνων οὖν ὄντων, εἰ μὲν εἶεν τὰ μὲν ἀλλήλων κρείττους, τὰ δὲ ἥττους, οὐκ ἂν εἶναι θεούς· πεφυκέναι γὰρ τὸ θεῖον μὴ κρατεῖσθαι. Ἴσων δὲ ὄντων, οὐκ ἂν ἔχειν θεὸν φύσιν δεῖν εἶναι κράτιστον· τὸ δὲ ἴσον οὔτε βέλτιον οὔτε χεῖρον εἶναι τοῦ

---

1. Test. emend.:
12 ἢ τὸ ὂν ἐξ οὐκ ὄντος post ὄντος add. Diels.
1 Tit. περὶ X. R : Ἀριστοτέλους περὶ X. L   3 ὁμοίου
ἢ ἐξ ἀνομοίου L : ὁμοίων ἢ ἐξ ὁμοίον R   7 καὶ
ὁμοίως L : ἢ ὁμοίοις R   8 τἀνόμοιον L : οὔτ' ἀνόμοιον R
12 ὂν post οὐκ om. R   ἂν ante
γενέσθαι om. R.
2. Test. emend. :
7-8 πάντα κρατεῖσθαι : πάντων κράτιστον Karsten
13 φύσιν δεῖν : φύσιν, ὃν δεῖν Diels.
2 εἶναι om. R   3 δύο ἢ πλείους L : δὴ ἢ ἔτι πλείους R
4 αὐτῶν L : αὐτὸν R   5 ὢν L : ἂν R
ὁμοίως ἂν L : ὅμοιος ὢν R   8 κρείττων L :
κρεῖττον R   13 φύσιν L : φύσιμος in ras. R
14 χεῖρον L : χέριον R   17 οὐ L : οὐδὲ R   18 ἄρα om. R.

SOBRE XENÓFANES

X., 1.　　　É impossível, diz ele, se algo é, que isso tenha proveniência – e isso, falando do deus. Necessariamente, com efeito, é do semelhante ou do dessemelhante que provém o que provém; ora, nem um nem outro é possível. Com efeito, não convém que um conjunto seja gerado por um semelhante em vez de gerar a si mesmo: pois todos os predicados desse gênero, ao menos para termos iguais, se predicam também de maneira semelhante em uma relação recíproca. E do dessemelhante, o dessemelhante também não poderia provir. Pois se do mais fraco tivesse proveniência o mais forte, ou do menor, o maior, ou do mais baixo, o mais potente, ou, ao contrário, os mais baixos, dos mais potentes, o que não é proviria do que é, o que é impossível. Eterno, portanto, por essas razões, é o deus.

2.　　　Se o deus é o mais potente dentre o conjunto dos entes, convém, diz ele, que este seja um. Com efeito, se houvesse dois ou mais, não haveria o mais potente e melhor dentre todos, pois cada um dessa pluralidade sendo deus seria tal de modo semelhante; pois é isso um deus e o poder de um deus: dominar sem ser dominado, e todo o resto é um ser dominado. De modo que, na medida em que não é mais potente, nessa medida não é deus. Suposto efetivamente que eles sejam mais numerosos: se, por um lado, eles fossem, uns em relação aos outros, tanto mais potentes, quanto menos, eles não seriam deus; pois o divino consiste por natureza em não ser dominado. Suposto, por outro lado, que eles sejam iguais, não seria possível que um deus deva, quanto à sua natureza, ser o mais potente. Mas o igual não é nem melhor nem pior que seu igual. De modo

ἴσου. Ὥστ' εἴπερ εἴη τε καὶ τοιοῦτον εἴη
θεός, ἕνα μόνον εἶναι τὸν θεόν. Οὐδὲ γὰρ 35
οὐδὲ πάντα δύνασθαι ἂν ἃ βούλοιτο· οὐ γὰρ
ἂν δύνασθαι πλειόνων ὄντων· ἕνα ἄρα εἶναι
μόνον.

3. Ἕνα δ' ὄντα, ὅμοιον εἶναι πάντῃ, ὁρᾶν τε
καὶ ἀκούειν, τάς τε ἄλλας αἰσθήσεις ἔχοντα,
πάντῃ· εἰ γὰρ μή, κρατεῖν ἂν καὶ κρατεῖσθαι
ὑπ' ἀλλήλων τὰ μέρη θεοῦ ὄντα, ὅπερ ἀδύνα-
ον.

4. Πάντῃ δ' ὅμοιον, ὄυτω σφαιροειδῆ εἶναι· 977 b
οὐ γὰρ τῇ μὲν τῇ δ' οὐ τοιοῦτον εἶναι, ἀλλὰ
πάντῃ.

5. Ἀίδιον δὲ ὄντα καὶ ἕνα καὶ σφαιροειδῆ
οὔτε ἄπειρον οὔτε πεπεράνθαι. Ἄπειρον
μὲν ὃ μὴ ὂν εἶναι· τοῦτο γὰρ οὔτε μέσον οὔτε
ἀρχὴν καὶ τέλος οὔτ' ἄλλο οὐδὲν μέρος ἔχειν, 5
τοιοῦτον δὲ εἶναι τὸ ἄπειρον· οἷον δὲ τὸ μὴ
ὄν, οὐκ ἂν εἶναι τὸ ὄν· Περαίνειν δὲ πρὸς
ἄλληλα, εἰ πλείω εἴη· τὸ δὲ ἓν οὔτε τῷ οὐκ
ὄντι οὔτε τοῖς πολλοῖς ὡμοιῶσθαι· ἓν γὰρ οὐκ
ἔχει πρὸς ὅτι περανθείν.

---

3. Test. emend. :
   1-2 ὁρᾶν τε καὶ ἀκούειν : ὁρῶντα καὶ ἀκούοντα Wendland
   4 ὄντα del. Diels.
4. 1 οὕτω L : ὄντα R.
5. Test. emend. :
   1 ὅμοιον καί ante σφαιροειδῆ add. Wendland   3 ὃ μὴ
   ὄν : τὸ μὴ ὄν Brandis.
   2 πεπεράνθαι L : πεπεράσθαι R   3 μὲν ante ὃ om. R
   7 εἴν L : εἶεν R   8 ὡμοιῶσθαι L : ὁμοιῶσθαι R
   9 περανθείη L : περανεῖ R.

que, se ao menos um deus é e é algo tal, único é o deus. De outro modo, ele não poderia absolutamente tudo o que ele quisesse: ele não o poderia, com efeito, se eles fossem mais numerosos. Ele é, portanto, único.

3. Sendo um, ele é por toda parte semelhante; ele vê e ouve, tendo também os outros sentidos, por toda parte. Senão, dominariam e seriam dominadas entre si as partes do deus que então seriam, o que é impossível.

4. Por toda parte semelhante, é assim que ele tem aparência de esfera; pois ele não é tal aqui, e não lá, mas por toda parte.

5. Sendo eterno, uno, esférico, ele não é ilimitado e também não tem limite. Por um lado, ilimitado é o que é não-ente; pois isso não tem meio, nem princípio e fim, nem qualquer outra parte, e tal é o ilimitado. Ora, o ente não pode ser tal como o não-ente. Por outro lado, eles se limitam reciprocamente se eles são mais numerosos. Mas o um não é semelhante nem ao que não é nem à pluralidade. Pois sendo um, ele não tem efetivamente contra o que ser limitado.

6. Τὸ δὴ τοιοῦτον ἕν, ὃν τὸν θεὸν εἶναι λέγει, οὔτε κινεῖσθαι οὔτε ἀκίνητον εἶναι. Ἀκίνητον μὲν γὰρ εἶναι τὸ μὴ ὄν· οὔτε γὰρ ἂν εἰς αὐτὸ ἕτερον οὔτ' ἐκεῖνο εἰς ἄλλο ἐλθεῖν. Κινεῖσθαι δὲ τὰ πλείω ὄντα ἑνός· ἕτερον γὰρ εἰς ἕτερον δεῖν κινεῖσθαι. Εἰς μὲν οὖν τὸ μὴ ὂν οὐδὲν ἂν κινηθῆναι· τὸ γὰρ μὴ ὂν οὐδαμῇ εἶναι. Εἰ δὲ εἰς ἄλληλα μεταβάλλοι, πλείω αὐτὸν εἶναι ἑνός. Διὰ ταῦτα δὴ κινεῖσθαι μὲν ἂν τὰ δύο ἢ πλείω ἑνός, ἠρεμεῖν δὲ καὶ ἀκίνητον εἶναι τὸ οὐδέν. Τὸ δὲ ἓν οὔτε ἀτρεμεῖν οὔτε κινεῖσθαι· οὔτε γὰρ τῷ μὴ ὄντι οὔτε τοῖς πολλοῖς ὅμοιον εἶναι.

7. Κατὰ πάντα δὲ οὕτως ἔχειν τὸν θεόν, ἀίδιόν τε καὶ ἕνα, ὅμοιόν τε καὶ σφαιροειδῆ ὄντα, οὔτε ἄπειρον οὔτε πεπερασμένον οὔτε ἠρεμεῖν οὔτε κινητὸν εἶναι.

8. Πρῶτον μὲν οὖν λαμβάνει τὸ γιγνόμενον καὶ οὗτος ἐξ ὄντος γίγνεσθαι, ὥσπερ ὁ Μέλισσος. Καίτοι τί κωλύει μήτ' ἐξ ὁμοίου τὸ γιγνόμενον γίγνεσθαι, ἀλλ' ἐκ μὴ ὄντος; Ἔτι οὐδὲν μᾶλλον ὁ θεὸς ἀγένητος ἢ καὶ τἆλλα πάντα, εἴπερ ἅπαντα ἐξ ὁμοίου ἢ καὶ ἐξ ἀνομοίου γέγονεν, ὅπερ ἀδύνατον· ὥστε ἢ οὐδέν ἐστι παρὰ τὸν θεὸν ἢ καὶ τὰ ἄλλα ἀίδια πάντα.

---

6. Test. emend.:
9 αὐτὸν : ἂν τὸ ἓν Karsten.
1 ἕν, ὃν Diels : ἓν ὄν L : ὂν ἓν ὄν R   2 ἀκίνητον L : κίνητον R   2-3 ἀκίνητον L : ἀνόνητον R   10 δὲ καὶ L : γὰρ R.

7. 1 ἔχειν uulg. : ἔχεις L : ἔχοις R   4 κινητὸν Fülleborn : ἀκίνητον LR.

8. Test. emend.:
3 μήτ'ἐξ ἀνομοίου post ὁμοίου add. Brandis.
1-2 τὸ γιγνόμενον καὶ οὗτος ἐξ ὄντος γίγνεσθαι L : καὶ οὗτος τὸ γιγνόμενον γίγνεσθαι ἐξ ὄντος R   3 ὁμοίου L : ὁμοίας R   5 ἢ L : εἰ R   6 ἢ καὶ ἐξ L : ἢ R
8 παρὰ L : περὶ R.

6.   Um tal um, que ele diz ser o deus, não se move
e também não é imóvel. Com efeito, por um lado, é o
não-ente que é imóvel, pois um outro não pode ir na
direção dele, nem ele na direção de outro. Por outro
lado, só se movem as coisas que são em número superior a um, pois é preciso que uma coisa se mova em
direção a outra. No que concerne ao não-ente, nada
pode ser movido em direção a ele; com efeito, o não-ente não está em parte alguma. Se, por outro lado, as
coisas mudam de lugar entre si, o deus seria, então,
mais de um. Eis a razão pela qual só podem se mover
duas ou mais, enquanto o nada permanece em repouso
e é imóvel. Mas o um, nem permanece inabalável nem
se move; pois ele não é semelhante nem ao não-ente
nem à pluralidade.
7.   É assim que, segundo todos os aspectos, se encontra sendo o deus: eterno e uno, semelhante e com
aspecto de esfera, nem ilimitado nem limitado, ele não
está nem em repouso nem em movimento.
8.   Primeiramente, portanto, ele sustenta, também
ele, como Melisso, que o que provém provém do ente.
No entanto, o que impede que o que provém provenha,
não do semelhante, mas do não-ente? Além disso, o
deus não é, de modo algum, mais ingênito que todo o
resto, a partir do momento em que tudo sem exceção
provém do semelhante ou mesmo do dessemelhante,
e que isso é precisamente impossível. De modo que ou
nada é, à parte o deus, ou todo o resto é também eterno.

9.   Ἔτι κράτιστον τὸν θεὸν λαμβάνει, τοῦτο
δυνατώτατον καὶ βέλτιστον λέγων· Οὐ δοκεῖ
δὲ τοῦτο κατὰ τὸν νόμον, ἀλλὰ πολλὰ κρείττους
εἶναι ἀλλήλων οἱ θεοί· οὐκ οὖν ἐκ τοῦ δοκοῦν-   30
τος εἴληφε ταύτην τοῦ θεοῦ τὴν ὁμολογίαν.
    Τό τε κράτιστον εἶναι τὸν θεὸν οὐχ οὕτως
ὑπολαμβάνων λέγεται ὡς πρὸς ἄλλο τι τοιαύτη ἡ τοῦ θεοῦ φύσις, ἀλλὰ πρὸς τὴν αὐτοῦ
διάθεσιν, ἐπεί τοί γε πρὸς ἕτερον οὐδὲν ἂν
κωλύοι μὴ τῇ αὐτοῦ ἐπιεικείᾳ καὶ ῥώμῃ
ὑπερέχειν, ἀλλὰ διὰ τὴν τῶν ἄλλων ἀσθέ-   35
νειαν. Θέλοι δ' ἂν οὐδεὶς οὕτω τὸν θεὸν
φάναι κράτιστον εἶναι ἀλλ' ὅτι αὐτὸς ἔχει ὡς
οἷόν τε ἄριστα, καὶ οὐδὲν ἐλλείπει καὶ εὖ καὶ
καλῶς ἔχειν αὐτῷ· ἅμα γὰρ ἴσως ἔχοντι
κἀκείνῳ ἂν συμβαίνοι.   Οὕτω δὲ δια-
κεῖσθαι καὶ πλείους αὐτοὺς ὄντας οὐδὲν ἂν
κωλύοι, ἅπαντας ὡς οἷόν τε ἄριστα διακει-   978a
μένους καὶ κρατίστους τῶν ἄλλων, οὐχ αὑτῶν
ὄντας. Ἔστι δ' ὡς ἔοικε καὶ ἄλλα. Κράτιστον
γὰρ εἶναι τὸν θεόν φησι, τοῦτο δὲ τινῶν εἶναι
ἀνάγκη·
10.   Ἕνα τ' ὄντα, πάντα ὁρᾶν καὶ ἀκούειν
οὐδὲν προσήκει· οὐ γάρ, εἰ μὴ καὶ τῇδ' ὁρᾷ,   5
χεῖρον ὁρᾷ ταύτῃ, ἀλλ' οὐχ ὁρᾷ.   Ἀλλ'
ἴσως τοῦτο βούλεται τὸ πάντῃ αἰσθάνεσθαι,
ὅτι οὕτως ἂν βέλτιστα ἔχοι, ὅμοιος ὢν πάντῃ.

---

9. Test. emend. :
    7 ὑπολαμβάνων λέγεται : ὑπολαμβάνειν ἐνδέχεται Vahlen.
    2 λέγων L[pc] R : νόμων L[ac]   3 κρείττους L :
    κρέττους R   5 κατὰ ante τοῦ hab. R   9 τοί γε
    L : τοῦ γὰρ R   11 διὰ τὴν R : τὴν διὰ L   12 θέλοι
    L : θέλει R   13 φάναι L[pc] R : ὑφάναι L[ac]   14 ἐλλείπει
    L : ἐκλείπει R   16 κἀκείνῳ ἂν συμβαίνοι L :
    κἀκεῖνο ἂν συμβαίνῃ R   17-18 οὐδὲν ἂν κωλύοι
    corr. Mullach : οὐδὲν ἂν κωλύῃ L : οὐδένα κωλύει R
    18 οἷόν τε L : οἴονται R.
10. 1 ἕνα τ' ὄντα Kern : ἕνα· τὸν τὰ L : ἕνα τὰ R   2 οὐ
    γάρ Lac R : δέ Lsl   εἰ μὴ (μ ex κ) L : εἰμὶ καὶ R.

9. Depois, ele sustenta que o deus é o mais potente, dizendo com isso que ele é o mais forte e o melhor. Ora, não é essa a opinião admitida, mas os deuses são considerados como, sob múltiplos aspectos, mais potentes uns que os outros. Portanto, não é da opinião 30 que ele tomou essa maneira comum de falar de deus. E se diz, sustentando que "o deus é o mais potente", no sentido de que a natureza do deus é tal não em relação a outra coisa, mas em relação à sua própria disposição; pois uma vez que a reportamos à de outra, nada impediria que ela seja superior não pelas qualidades e a força do deus, mas por causa da fraqueza das outras; 35 ora, ninguém gostaria de dizer que o deus é o mais potente nesse sentido, mas na medida em que ele se encontra, ele próprio, no melhor dos estados possíveis e que não lhe falta nada para que seu estado seja bom e belo: senão, isso poderia acontecer simultaneamente a quem seria em igualdade com ele. Mas nada impediria que, mesmo que eles sejam mais numerosos, eles se encontrem assim constituídos, todos em conjunto sendo de uma constituição a mais perfeita possível, e 978a os mais potentes dentre os outros, sem sê-lo dentre eles mesmos. Há, aliás, parece, outros entes; com efeito, ele diz que o deus é mais potente, e isso requer necessariamente um "dentre".

10. Mesmo sendo um, não convém em nada que ele veja e ouça todas as coisas. Com efeito, não é, se 5 neste ponto preciso ele não vê, que, daqui, ele veja menos bem, mas que ele não vê. Mas talvez ele queira que haja sentir por toda parte, porque o deus só pode ser no mais excelente dos estados se ele é semelhante por toda parte.

11.   Ἔτι τοιοῦτος ὤν, διὰ τί σφαιροειδὴς ἂν
εἴη – ἀλλ' οὐχ ὅτι ἑτέραν τινὰ μᾶλλον ἔχων
ἰδέαν – ὅτι πάντῃ ἀκούει καὶ πάντῃ κρατεῖ;
     Ὥσπερ γὰρ ὅταν λέγωμεν τὸ ψιμύθιον   10
ὅτι πάντῃ ἐστὶ λευκόν, οὐδὲν ἄλλο σημαίνομεν
ἢ ὅτι ἐν ἅπασιν αὐτοῦ τοῖς μέρεσιν ἐγκέχρωσ-
αι ἡ λευκότης, τί δὴ κωλύει οὕτως κἀκεῖ τὸ
πάντῃ ὁρᾶν καὶ ἀκούειν καὶ κρατεῖν λέγεσθαι,
ὅτι ἅπαν ὃ ἄν τις αὐτοῦ λαμβάνῃ μέρος, τοῦτ'
ἔσται πεπονθός; Ὥσπερ δὲ οὐδὲ τὸ ψιμύθιον,   15
οὐδὲ τὸν θεὸν ἀνάγκη εἶναι διὰ τοῦτο σφαιρο-
ιδῆ.

12.   Ἔτι μήτε ἄπειρον μήτε πεπεράνθαι, σῶμά
γε ὢν καὶ ἔχων μέγεθος, πῶς οἷόν τε, εἴπερ
τοῦτ' ἐστὶν ἄπειρον ὃ ἂν μὴ ἔχῃ πέρας δεκτικὸν
ὂν πέρατος; πέρας δ' ἐν μεγέθει καὶ πλήθει
ἐγγίγνεται καὶ ἐν ἅπαντι τῷ ποσῷ, ὥστε εἰ μὴ
ἔχει πέρας, μέγεθος ὄν, ἄπειρόν ἐστιν. Ἔτι   20
δὲ σφαιροειδῆ ὄντα, ἀνάγκη πέρας ἔχειν·
ἔσχατα γὰρ ἔχει, εἴπερ μέσον ἔχει αὐτοῦ, οὗ
πλεῖστον ἀπέχει· μέσον δὲ ἔχει σφαιροειδὲς
ὄν· τοῦτο γάρ ἐστι σφαιροειδὲς ὃ ἐκ τοῦ μέσου
ὁμοίως πρὸς τὰ ἔσχατα. Σῶμα δ' ἔσχατα ἢ
πέρατα ἔχειν οἷον διαφέρειν. Εἰ γὰρ καὶ τὸ   25
μὴ ὂν ἄπεστι, οὐκ ἂν καὶ τὸ ὂν ἄπειρον.

---

11. Test. emend. :
    2 ὅτι del. Karsten.
    1 διὰ τί L : διότι R   5 πάντῃ L : πάντα R οὐδὲν
    R : οὐδὲ L   τι post ἄλλο hab. R   ἢ om. L
    6 αὐτοῦ R : αὐ lac. II litt. τοῦ L   ἐγκέχρωσται
    L : ἐγκέχρησθαι R   9 λαμβάνῃ L : λαμβάνει R
    11 εἶναι διὰ τοῦτο L : διὰ τοῦτο εἶναι R.
12. Test. emend. :
    12 οἷον : οὐδέν Bergk   ante εἰ γὰρ lac. stat. Diels
    13 ἄπεστι, οὐκ : ἄπειρον ἐστι, τί οὐκ Diels.
    1 ἄπειρον LR : post ἄπειρον coeperat εἰ L[ac], μήτε
    L[pc]   2 ὢν om. R ἔχων L : ἔχον R   3 δεκτικὸν
    L : λεκτικὸν R   5 ἐγγίγνεται L : ἐν γίγνεται R
    5-6 εἰ μὴ ἔχει L : ἂν μὴ ἔχῃ R   6 ὄν L : ὅσον R
    8 αὐτοῦ, αὖ Diels : αὐτοῦ ÷ οὗ L : αὐτοῦ τοῦ R ÷ 10 ὃ
    ἐκ L : ὂν ἐκ R   11 πρὸς L : πυρὸς R   10 δ' L : om. R
    12 διαφέρειν L[ac] : διαφέρει L[pc] : διαφορεῖ R   13 ἄπεστι
    L : ἁπλοῦν R.

11.   Além disso, mesmo sendo tal, por que teria ele
o aspecto de uma esfera – não que aconteça de ele ter,
antes, alguma outra forma –, sob o pretexto de que
ele ouve por toda parte, e por toda parte domina?
Com efeito, da mesma forma que, quando dizemos   10
da cerusa que ela é inteiramente branca, nós não
significamos nada além de: em todas as suas partes,
ela é branca, da mesma forma, o que impede, aqui
também, que digamos o fato de por toda parte ver,
ouvir e dominar, no sentido de que, qualquer que seja
a parte do deus que se tome, ela será afetada por ele?
Mas como a cerusa e não mais que ela, o deus não tem   15
por essa razão necessidade de ser esférico.
12.   Além disso, já que, em todo caso, ele é um corpo
e que ele tem grandeza, como é possível que ele não
seja ilimitado e que ele também não tenha limite, se
ao menos é ilimitado isso que não tem limite mas é
suscetível de tê-lo? Ora, o limite não nasce no interior
da grandeza e do número, isto é, de toda quantidade,
de modo que se algo, sendo uma grandeza, não tem
limite, é ilimitado. Sendo, além disso, esférico, ele tem   20
necessariamente um limite, pois ele tem extremidades,
se ele tem ao menos um centro próprio, do qual ele está
afastado com uma distância máxima; ora, isso tem um
centro, se é esférico; pois é esférico o que, a partir do
centro, tem uma relação idêntica com as extremidades.
E um corpo tem extremidades ou limites na medida
em que ele é diferente. Mesmo se, de fato, o não-ente   25
não está aí, o ente pode não ser ilimitado.

13.   Τί γὰρ κωλύει ἔνια ταῦτα λεχθῆναι 978 a
κατὰ τοῦ ὄντος καὶ μὴ ὄντος; Τό τε γὰρ ὄν,
οὐκ ὄν, οὐδεὶς νῦν αἰσθάνεται καί, ὂν δέ,
τις οὐκ ἂν αἰσθάνοιτο νῦν· ἄμφω δὲ λεκτὰ
καὶ διανοητά. Οὐ λευκόν τε τὸ μὴ ὄν· εἰ οὖν,
διὰ τοῦτο τὰ ὄντα πάντα λευκὰ ὅπως μή τι   30
ταὐτὸ κατὰ τοῦ ὄντος σημήνωμεν καὶ μὴ
ὄντος· ἢ οὐδέν, οἶμαι, κωλύει καὶ τῶν ὄντων
τι μὴ εἶναι λευκόν; Οὕτω δὲ καὶ ἄλλην οὖν
ἀπόφασιν δέξονται, τὸ ἄπειρον, εἰ μὴ τὸ
πάλαι λεχθέν. Τί μᾶλλον παρὰ τὸ μὴ
ἔχειν ἢ μὴ ἔχειν ἐστὶν ἅπαν; Ὥστε καὶ τὸ
ὂν ἢ ἄπειρον ἢ πέρας ἔχον ἐστίν.   Ἴσως
δὲ ἄτοπον τὸ καὶ προσάπτειν τῷ μὴ ὄντι   35
ἀπειρίαν· οὐ γὰρ πᾶν, εἰ μὴ ἔχει πέρας,
ἄπειρον λέγομεν, ὥσπερ οὐδ' ἄνισον οὐκ ἂν
φαῖμεν εἶναι τὸ μὴ ὄν.

---

13. Test. emend. :
2 ὄν del. Mullach (τό τε οὐκ ὂν γάρ Du Valliana)
5 ante οὐ λευκόν lac. stat. Diels   10 δέξονται :
δέξαιτο Diels   μὴ : κατὰ Diels   11 μᾶλλον del.
Diels   παρὰ : περὶ Wiesner   μὴ del. Brandis
12 ἢ μὴ ἔχειν : πέρας Diels   ἅπαν : ἄπειρον Diels.
1 ταῦτα L^ac : ταῦτ' ἄν L^pc : ταὐτά R   3 ὂν δέ L :
ὂν δέ R   4 ἄ ante νῦν hab. R   5 καὶ L :
ὅπ R   7 ταὐτὸ κατὰ τοῦ R : κατὰ τοῦ L^pc : κατ'
αὐτοῦ L^ac   σημήνωμεν L : σημαίνωμεν R
8 οἶμαι om. R   9 τι μὴ L : τίμιον R   11 τί L :
τι R   12-13 ὥστε-ἐστίν iter. L nisi quod ἢ ante
ἄπειρον abest   14 ἄτοπον τὸ καὶ L^ac : τὸ ante
ἄτοπον L^sl : τὸ ἄτοπον καὶ R.

13.   Ilimitado, pois o que impede que algumas des- 978a
sas determinações sejam ditas do ente e do não-ente?
Com efeito, o ente, enquanto não é, ninguém o percebe
atualmente, e, por outro lado, enquanto é, alguém pode
não percebê-lo atualmente; essas duas proposições
podem ser ditas e pensadas. E o não-ente não é branco:
se é o caso, os entes são todos brancos, simplesmente   30
por medo de significar uma mesma coisa do ente e
do não-ente – a menos que nada, como eu acredito,
impeça que algum dos entes também não seja branco.
Da mesma forma, portanto, ente e não-ente receberão
mais uma negação, o limitado, se não é assim como
se disse antes. O que é, além disso, toda coisa, fora do
fato de ter ou de não ter o "não"? De modo que o ente
também é ou o limitado ou tendo limite. Mas talvez
seja absurdo ligar igualmente ao não-ente a ilimitação;   35
pois não é tudo o que não tem limite que nós dizemos
ilimitado, assim como não iríamos chamar de desigual
o não-ente.

14.   Ἔ<τι> τί οὐκ ἂν ἔχοι ὁ θεὸς πέρας
εἷς ὤν, ἀλλ' οὐ πρὸς θεόν; Εἰ δὲ ἓν
μόνον ἐστὶν, ὁ θεός ἂν εἴη μόνον καὶ τὰ   978b
τοῦ θεοῦ μέρη· ἐπεὶ καὶ τοῦτ' ἄτοπον, εἰ
τοῖς πολλοῖς συμβέβηκε πεπεράνθαι πρὸς
ἄλληλα, διὰ τοῦτο τὸ ἓν μὴ ἔχειν πέρας.
Πολλὰ γὰρ τοῖς πολλοῖς καὶ τῷ ἑνὶ ὑπάρχει
ταὐτά, ἐπεὶ καὶ τὸ εἶναι κοινὸν αὐτοῖς ἐστίν.
Ἄτοπον οὖν ἴσως ἂν εἴη, εἰ διὰ τοῦτο μὴ   5
φαμὲν εἶναι τὸν θεόν, εἰ τὰ πολλὰ ἔστιν,
ὅπως μὴ ὅμοιον ἔσται αὐτοῖς ταύτῃ. Ἔτι
τί κωλύει πεπεράνθαι καὶ ἔχειν πέρατα ἓν
ὄντα τὸν θεόν; Ὡς καὶ ὁ Παρμενίδης λέγει
ἓν ὂν εἶναι αὐτὸ « Πάντοθεν εὐκύκλου σφαίρας
ἐναλίγκιον ὄγκῳ, μεσσόθεν ἰσοπαλές ». Τὸ γὰρ   10
πέρας τινὸς μὲν ἀνάγκην εἶναι, οὐ μέντοι
πρός τί γε, οὐδὲ ἀνάγκη τὸ ἔχον πέρας πρός
τι ἔχειν πέρας ὡς πεπερασμένον πρὸς τὸ μὴ
ἐφεξῆς ἀπείρου, ἀλλ' ἔστι τὸ πεπεράνθαι
ἔσχατα ἔχειν, ἔσχατα δ' ἔχον οὐκ ἂν ἀνάγκη
πρός τι ἔχειν. Ἐνίοις μὲν οὖν συμβαίνει πᾶν,
καὶ πεπεράνθαι <καὶ> πρός τι συνάπτειν, τοῖς
δὲ πεπεράνθαι μέν, μὴ μέντοι πρός τι πεπεράν-   15
θαι.

---

14. Test. :
14-15 uid. Parm. 28 B 8, 43 s. DK; cf. M., 21., 3s.
Test. emend. :
3 ἓν ante ἂν add. Urb. 108   18-19 τὸ μὴ ἐφεξῆς ἀπείρου :
τὸ [μὴ] ἐφεξῆς ἄπειρον Mullach   21 συμβαίνει
πᾶν : συμβαίνοι γ'ἂν Cook Wilson   22 καὶ post
πεπεράνθαι add. Brandis.
1 ἔ <τι> τί Brandis : ἐτί L : ἔτι R   2 ἀλλ'οὐ R :
ἄλλου L   5 συμβέβηκε R : ξυμβέβηκεν L^pc :
συμβέβηκεν L^ac   8 ταὐτά L : ταῦτα R   10 φαμὲν
L : φαῖμεν R   11 ταύτῃ R : ταυ lac. III litt. L
14 αὐτὸ L : αὐτὸν R   15 ὄγκῳ L : ὂν τῷ R
16 ἀνάγκην L : ἀνάγκη ἴσως R   20 ἂν om. R
21 οὖν L : οὐ R   23 πεπεράνθαι-πρός τι om. R.

14.   Além disso, por que o deus não teria limite mesmo sendo uno, a partir do momento em que isso não é contra um deus? Mas se ele é o único ente, haveria unicamente o deus e as partes do deus. Todavia, é absurdo que, se acontece às coisas múltiplas serem limitadas umas contra as outras, por esse fato o um não possa ter limite. Numerosos atributos idênticos pertencem com efeito às coisas múltiplas e ao um, já que o ser lhes é comum. Seria sem dúvida absurdo, portanto, dizer que o deus não é se as coisas múltiplas são, simplesmente por medo que ele se pareça com elas sob esse aspecto. Além disso, o que impede que o deus seja limitado, isto é, tenha limites, mesmo sendo algo de um? Como, por exemplo, Parmênides diz que sendo um, é "por toda parte semelhante à massa de uma esfera bem arredondada, do centro igualmente radiante". Com efeito, é necessário que o limite seja limite de algo, mas não absolutamente contra algo, e não é necessário também que o que tem um limite tenha um limite contra algo, por exemplo, se é limitado contra a não-contiguidade própria a um ilimitado; mas ser limitado é ter extremidades, e quando se tem extremidades, não seria necessário tê-las contra. Assim, em certos casos, tudo se produz, tanto ser limitado, quanto ser atinente contra, enquanto em outros, é limitado, mas sem ser limitado contra.

978b

5

10

15

15. Πάλιν περὶ τοῦ ἀκίνητον εἶναι τὸ ὂν καὶ τὸ ἕν, ὅτι καὶ τὸ ὂν κινεῖται ἴσως ὁμοίως τοῖς ἔμπροσθεν ἄτοπον. Καὶ ἔτι ἄρα γε οὐ ταὐτὸ ἄν τις ὑπολάβοι τὸ μὴ κινεῖσθαι καὶ τὸ ἀκίνητον εἶναι, ἀλλὰ τὸ μὲν ἀπόφασιν τῷ κινεῖσθαι, ὥσπερ τὸ μὴ ἴσον, ὅπερ καὶ κατὰ τοῦ μὴ ὄντος εἴπερ ἀληθές, τὸ δὲ ἀκίνητον 20 τῷ ἔχειν πως ἤδη λέγεσθαι, ὥσπερ τὸ ἄνισον, καὶ ἐπὶ τῷ ἐναντίῳ τοῦ κινεῖσθαι, τῷ ἠρεμεῖν, ὡς καὶ σχεδὸν αἱ ἀπὸ τοῦ α ἀποφάσεις ἐπὶ ἐναντίοις λέγονται. Τὸ μὲν οὖν μὴ κινεῖσθαι ἀληθὲς ἐπὶ τοῦ μὴ ὄντος, τὸ δὲ ἠρεμεῖν οὐχ ὑπάρχει τῷ μὴ ὄντι· ὁμοίως δὲ οὐδὲ ἀκίνητον εἶναι συμβαίνει 25 ταὐτόν. Ἀλλ' οὗτος ἐπὶ τὸ ἠρεμεῖν αὐτῷ χρῆται καὶ φησὶ τὸ μὴ ὂν ἠρεμεῖν ὅτι οὐκ ἔχει μετάβασιν.

---

15. Test. emend. :
1 μὴ ante ἀκίνητον add. Brandis 2 μὴ ante ὂν add. Brandis οὐ ante κινεῖται add. Brandis
7 εἴπερ : εἰπεῖν Bonitz.
1 τὸ ὂν καὶ τὸ ἕν L : τὸ ὂν καὶ τὸ ὂν R 4 τις L : τι R 5 τῷ om. R 6 ὥσπερ τὸ μὴ ἴσον, ὅπερ L : ὥσπερ μὴ τὸ ἴσον ὥσπερ R 14 συμβαίνει L : σημαίνει R 15 ἐπὶ τὸ L : ἐπὶ τῷ R.

15.   Mais uma vez, quanto ao fato de que o ente, no sentido do um, seja imóvel, que, além disso, o ente se mova é sem dúvida uma absurdidade semelhante às precedentes. E, além disso, poder-se-ia, em todo caso, sustentar efetivamente que o "não se mover" e o "ser imóvel" não são idênticos, mas que o primeiro é, para o "se mover", uma negação, como o "não ser igual", que se atribui também precisamente ao não-ente, ao menos verdadeiramente falando, ao passo que o "imóvel" se emprega para o que já possui em um sentido a propriedade, como o "desigual", e se aplica, ao contrário do "se mover", ao "ser em repouso", como também, sem dúvida, as negações privativas em a- se aplicam a contrários. Portanto, o "não se mover" se diz com verdade do não-ente, ao passo que o "ser em repouso" não pertence ao não-ente. De modo parecido, também não convém que o mesmo sujeito se encontre "imóvel". Mas Xenófanes utiliza esse termo para "ser em repouso", e diz que o não-ente é em repouso porque ele não tem movimento.

16.   Ὅπερ τε καὶ ἐν τοῖς ἄνω εἴπομεν, ἄτοπον ἴσως, εἴ τι τῷ μὴ ὄντι προσάπτομεν, τοῦτο μὴ ἀληθὲς εἶναι κατὰ τοῦ ὄντος εἰπεῖν, ἄλλως τε κἂν ἀπόφασις ᾖ τὸ λεχθέν· καὶ τὸ μὴ κινεῖσθαι μηδὲ μεταλαμβάνειν ἐστί. Πολλὰ γὰρ ἄν, καθάπερ καὶ ἐλέχθη, ἀφαιροῖτο τῶν ὄντων κατηγορεῖν. Οὐδὲ γὰρ ἂν πολλὰ ἀληθὲς εἰπεῖν εἴη μὴ ἕν, εἴπερ καὶ τὸ μὴ ὄν ἐστι μὴ ἕν. Εἴτε ἐπ' ἐνίων τἀναντία ξυμβαίνειν δοκεῖ κατὰ τὰς αὐτὰς ἀποφάσεις, ὄν, ἀνάγκη ἢ ἴσον ἢ ἄνισον, ἄν τι πλῆθος ᾖ καὶ μὴ ὡς ᾖ, καὶ ἄρτιον ἢ περιττόν κἂν ἀριθμὸς ᾖ· ὁμοίως δ' ἴσως καὶ τὸ ἠρεμεῖν ἢ κινεῖσθαι ἀνάγκη, ἂν σῶμα ᾖ·

---

16. Test. emend. :
9 εἴτε : ἔτι Bonitz   11 ὄν : οἷον Bonitz   12 ᾖ καὶ μὴ ὡς ᾖ : ἢ μέγεθος ᾖ Felicianus.
1 τε om. R   4 ἀπόφασις L : ἀπόφασιν R   4 τὸ λεχθέν (τὸ ÷ λε ÷ χθέν) L : τὸ ἐλεγχθέντων R
7 κατηγορεῖν Weise : κατηγορεῖ LR   10 τὰς αὐτὰς L : τοσαύτας R   11 ὄν L : ὤν R 12 ᾖ καὶ μὴ ὡς ᾖ scripsi : ᾖ. μὴ ὡσῆ L : ἢ καὶ μὴ ὡς ᾖ R   13 κἂν L : ἂν R   δ' ἴσως L : δ' ἕως R.

16.	E, como nós dissemos também antes, é sem dúvida absurdo, se nós ligamos algo ao não-ente, afirmar que isso não pode ser verdadeiro do ente, em particular quando o predicado é uma negação, e o 30 não poder se mover nem trocar de lugar são negações. Pois muitos atributos, como dissemos, seriam interditos à predicação dos entes. De fato, não seria mesmo verdadeiro afirmar que muitos são não um, sob pretexto de que o não-ente também é não um. E se, em certos casos, os contrários, como parece, advêm no seio mesmo das negações, então é necessário que, sendo, seja ou igual ou desigual se for alguma quantidade, e 35 não enquanto é; e ou par ou ímpar se for também um número. De modo parecido provavelmente, ser ou em repouso ou em movimento é, também, necessário quando é um corpo.

17.   Ἔτι εἰ καὶ διὰ τοῦτο μὴ κινεῖται ὁ θεός τε καὶ τὸ ἕν, ὅτι τὰ πολλὰ κινεῖται τῷ εἰς ἄλληλα   979 a
ἰέναι, τί κωλύει καὶ τὸν θεὸν κινεῖσθαι εἰς ἄλλο; Οὐδα<μοῦ γὰρ λέγει> ὅτι <ἕν ἐστι> μόνον, ἀλλ' ὅτι εἷς μόνος θεός. Εἰ δὲ καὶ οὗτος, τί κωλύει εἰς ἄλληλα κινουμένων τῶν μερῶν τοῦ <θεοῦ> κύκλῳ φέ<ρεσθαι τὸν> θεόν; Οὐ γὰρ δὴ τὸ τοιοῦτον ἕν, ὥσπερ ὁ Ζήνων, πολλὰ εἶναι φήσει. Αὐτὸς γὰρ σῶμα   5
λέγει εἶναι τὸν θεόν, εἴτε τόδε τὸ πᾶν εἴτε ὅτι δή ποτε αὐτὸ λέγων· ἀσώματος γὰρ ὤν, πῶς ἂν σφαιροειδὴς εἴη, ἐπεὶ μόνως τἂν οὕτως οὔτ' ἂν κινοῖτο οὔτ' ἂν ἠρεμοῖ, μηδαοῦ γε ὤν; Ἐπεὶ δὲ σῶμά ἐστι, τί ἂν αὐτὸ κωλύοι κινεῖσθαι ὡς ἐλέχθη;   10

---

17. Test. emend. :
6 οὗτος : οὕτως Apelt   12 ἐπεὶ : ἔτι Apelt.
3 κινεῖσθαι L : κινᾶσθαι R   4-5 οὐδα <μοῦ γὰρ λέγει> ὅτι <ἕν ἐστι>μόνον suppl. Apelt : οὐδα lacuna X litt. ὅτι lacuna VII litt. μόνον L : οὐδα lacuna V litt. τι lacuna V litt. μον R   6 οὗτος L : αὐτός R
7 τοῦ <θεοῦ> κύκλῳ φέ <ρεσθαι τὸν> θεόν suppl. Bergk : τοῦ lacuna V litt. κύκλῳ φε lacuna VII litt. θεόν L : τοῦ κύκλῳ lacuna VII litt. θεόν R   10 εἴτε τόδε L : εἴτε δὲ τόδε R   12 ἐπεὶ μόνως L : ἐπιμόνως R τἂν L : ὅταν R   15 κωλύοι L : κωλύει R.

17.   Além disso, mesmo se o deus, isto é, precisamente o um, não se move pela razão de que as coisas múltiplas se movem deslocando-se umas em direção às outras, o que impede que o deus também se mova em direção a outra coisa? Pois em parte alguma Xenófanes diz que ele é a única coisa, mas que ele é o único deus. Mas mesmo que ele seja tal, o que impede que, movendo-se as partes do deus umas em direção às outras, o deus seja afetado por um movimento circular? Pois ele certamente não afirmará, como Zenão, que um tal um é múltiplo. De fato, ele próprio diz que o deus é um corpo, diga ele que isso é o todo que nós vemos ou o que quer que se queira. Com efeito, se fosse incorporal, como ele seria esférico – embora possa ser de tal modo que não seja nem em movimento nem em repouso, sendo então em parte alguma? Mas já que ele é um corpo, o que poderia impedi-lo de se mover como dissemos?

ΠΕΡΙ ΓΟΡΓΙΟΥ

1. Οὐκ εἶναί, φησίν, οὐδέν· εἰ δ' ἔστιν, ἄγνωστον εἶναι· εἰ δὲ καὶ ἔστι καὶ γνωστόν, ἀλλ' οὐ δηλωτὸν ἄλλοις.

2. Καὶ ὅτι μὲν οὐκ ἔστι, συνθεὶς τὰ ἑτέροις εἰρημένα, ὅσοι περὶ τῶν ὄντων λέγοντες, τἀναντία, ὡς δοκοῦσιν, ἀποφαίνονται αὐτοῖς, οἳ μὲν ὅτι ἓν καὶ οὐ πολλά, οἳ δὲ ὅτι πολλὰ καὶ οὐχ ἕν, καὶ οἳ μὲν ὅτι ἀγένητα, οἱ δ' ὡς γενόμενα ἐπιδεικνύντες ταῦτα, συλλογίζεται τὰ ἀμφοτέρων. Ἀνάγκη γάρ, φησίν, εἴ τι ἔστι, μήτε ἓν μήτε πολλὰ εἶναι μήτε ἀγένητα μήτε γενόμενα· οὐδὲν ἂν εἴη· εἰ γὰρ εἴη τι, τούτων ἂν θάτερα εἴη. Ὅτι οὐκ ἔστιν οὔτε ἓν οὔτε πολλά, οὔτε ἀγένητα οὔτε γενόμενα, τὰ μὲν ὡς Μέλισσος, τὰ δὲ ὡς Ζήνων ἐπιχειρεῖ δεικνύειν, μετὰ τὴν πρώτην ἴδιον αὑτοῦ ἀπόδειξιν, ἐν ᾗ λέγει ὅτι οὐκ ἔστιν οὔτε εἶναι οὔτε μὴ εἶναι.

---

1. περὶ Γοργίου Spalding : Ἀριστοτέλους περὶ Γοργίου L : om. R   3 ἄλλοις L : ἄλλως R.
2. Test. emend. :
   7 τὰ : κατ'uulg.   8 ἢ ἓν ἢ πολλὰ εἶναι καὶ ἢ ἀγένητα ἢ γενόμενα. Εἰ δὴ ξυμβαίνει post ἔστι add. Bonitz
   9 οὖν post οὐδέν add. Cook Wilson   10 οὖν post ὅτι add. Bonitz.
   4 ὅτι alt. (o ex π) L : οὐ ὅτι οὐ R : αὖ ὅτι uulg.
   5 ἀγένητα L : ἂν γένηται R   7 τὰ scripsi : τ' LR
   9 εἰ γὰρ εἴη L : εἰ γὰρ μὴ εἴη R.

SOBRE GÓRGIAS

G., 1. Nada, diz ele, é; mas se é, é incognoscível; e se é e é cognoscível, não é, no entanto, mostrável aos outros.

2. Que não é: compondo os dizeres dos outros autores – de todos aqueles que, falando dos entes, opõem entre si, como parece, teses contrárias, demonstrando ora que esses entes são um e não múltiplos, ora que eles são múltiplos e não um, e ora que eles são ingênitos, ora que eles são engendrados –, é a conclusão que ele tira dos dizeres de uns e dos outros. É necessário, com efeito, diz ele, que, se algo é, que isso não seja nem um nem múltiplas coisas, não mais ingênito que engendrado; então, nada seria; pois se fosse algo, seria um ou outro desses atributos. Que não é nem um nem múltiplas coisas, nem ingênitas nem engendradas, ele o mostra em parte seguindo Melisso e em parte seguindo Zenão, após uma primeira demonstração bem própria dele, na qual ele diz que não é possível nem ser nem não ser.

3.　　　Εἰ μὲν γὰρ τὸ μὴ εἶναι ἔστι μὴ εἶναι, 25
οὐδὲν ἂν ἧττον τὸ μὴ ὂν τοῦ ὄντος εἴη. Τό
τε γὰρ μὴ ὂν ἔστι μὴ ὂν καὶ τὸ ὂν ὄν, ὥστε
οὐδὲν μᾶλλον εἶναι ἢ οὐκ εἶναι τὰ πράγματα.

Εἰ δ' ὅμως τὸ μὴ εἶναι ἔστι, τὸ εἶναι, φησίν,
οὐκ ἔστι, τὸ ἀντικείμενον. Εἰ γὰρ τὸ μὴ εἶναι
ἔστι, τὸ εἶναι μὴ εἶναι προσήκει. Ὥστε οὐκ ἂν 30
οὕτως, φησίν, οὐδὲν ἂν εἴη, εἰ μὴ ταὐτόν
ἐστιν εἶναί τε καὶ μὴ εἶναι. Εἰ δὲ ταὐτό,
καὶ οὕτως οὐκ ἂν εἴη οὐδέν· τό τε γὰρ μὴ
ὂν οὐκ ἔστι καὶ τὸ ὄν, ἐπείπερ γε ταὐτὸ
τῷ μὴ ὄντι. Οὕτως μὲν οὖν ὁ αὐτὸς λόγος
ἐκείνου.

3.　Test. emend.:
12 ὁ αὐτὸς : αὐτὸς ὁ Foss : ὁ πρῶτος Diels.

1 εἶναι ἔστι L : εἶναι ἢ ἔστι R　2 ἂν ἧττον L : ἂν ἦν
ἧττον R　4 εἶναι ἢ L : ἢ εἶναι ἢ R　τὰ om. L
7 εἶναι μὴ εἶναι L : εἶναι ἢ μὴ εἶναι R　9 ἐστιν εἶναι
L : ἐστιναί R　9 εἰ L : ἔστι R　11 γε om. R
12 οὕτως L : οὗτος R.

3.   Pois se o não ser é não ser, não menos que o ente, o não-ente seria: com efeito, o não-ente é não-ente assim como o ente é ente, de modo que são, não mais que não são, as coisas efetivas. Mas se, no entanto, o não ser é, o ser, diz ele, seu oposto, não é. Com efeito, se o não ser é, convém que o ser não seja. De modo que, nesse caso, diz ele, nada seria, uma vez que não é a mesma coisa ser e não ser. Mas se é a mesma coisa, nesse caso também não seria nada: com efeito o não-ente não é, assim como o ente, se, ao menos, ele é a mesma coisa que o não-ente. Eis aí, portanto, o discurso mesmo dele.

4.	Οὐδαμόθεν δὲ συμβαίνει ἐξ ὧν εἴρηκεν 35
μηδὲν εἶναι. Ἃ γὰρ καὶ ἀποδείκνυσιν, οὕτως
διαλέγεται· ἢ τὸ μὴ ὂν ἔστιν, ἢ ἁπλῶς εἰπεῖν
εἴη καὶ ἔστιν ὁμοίον μὴ ὄν. Τοῦτο δὲ οὔτε
φαίνεται οὕτως οὔτε ἀνάγκη, ἀλλ' ὡσπερεὶ
δυοῖν ὄντοιν, τοῦ μὲν ὄντος, τοῦ δοκοῦντος,
τὸ μέν ἔστι, τὸ δ' οὐκ ἀληθές ὅτι ἔστι, τὸ μὲν 979b
μὴ ὄν. Διὰ τί οὖν οὐκ ἔστιν οὔτε εἶναι οὔτε
μὴ εἶναι; Τὸ δὲ ἄμφω οὐθέτερον οὐκ ἔστιν.
Οὐδὲν γὰρ <ἧττον>, φησίν, εἴη ἂν τὸ μὴ εἶναι
τοῦ εἶναι, εἴπερ εἴη τι καὶ τὸ μὴ εἶναι, ὅτε
οὐδείς φησιν εἶναι τὸ μὴ εἶναι οὐδαμῶς. Εἰ δὲ
καὶ ἔστι τὸ μὴ ὂν μὴ ὄν, οὐδ' οὕτως ὁμοίως εἴη 5
ἂν τὸ μὴ ὂν τῷ μὴ ὄντι· τὸ μὲν γάρ ἐστι μὴ ὄν,
τὸ δὲ καὶ ἔστιν ἔτι.

---

4. Test. emend. :
2 καὶ ἀποδείκνυσιν : καὶ ἄ<λλοι ἂ> ποδεικνύουσιν
Diels : καὶ α<ὐτὸς ἂ>ποδείκνυσιν Kerferd   3 διαλέγεται :
διελέγχεται Wendland   ἢ pr. : εἰ Bern.
402 3-4 ἢ ἁπλῶς εἰπεῖν εἴη καὶ ἔστιν ὅμοιον μὴ ὄν :
ἔστιν, ἁπλῶς εἰπεῖν, καὶ ἔστιν ὁμοίως μὴ ὄν Foss :
ἢ ἔστιν ἁπλως εἰπεῖν, ἢ καὶ ἔστιν ὁμοίως μὴ ὄν
Diels : ἢ ἔστιν ἁπλῶς εἰπεῖν <ἂν> εἴη καὶ [ἔστιν]
ἢ καὶ ἐστιν ὁμοίως μὴ ὄν Newiger   7-8 τὸ μὲν μὴ
ὄν : τὸ μὲν <ὂν ὂν τὸ δὲ μὴ ὄν> μὴ ὄν Diels   9 τὸ δὲ
ἄμφω οὐδέτερον οὐκ ἔστιν : τί δὲ ἄμφω <ἢ>
οὐθέτερον οὐκ ἔστιν ; Diels   11 ὅτε οὐδείς : οὐδέ
Newiger   14 τῷ μὴ ὄντι : μὴ del. Sylburg.
2 ἀποδείκνυσιν   R : ἀ (lacuna II litt.) ποδεικνούσιν   L
3 ἢ L : ἡ R   ἔστιν ante ἁπλῶς hab. R   4 εἴη καὶ
ἔστιν iter. R   6 ὄντοιν, τοῦ μὲν om. R τοῦ
δοκοῦντος L : τοῦ δ'οὐκ ὄντος R   7 τὸ μὲν L : τὰ
μὲν R   8 διὰ τί L : διότι R   9 δὲ om. R
οὐδέτερον scripsi : οὔθ'ἕτερον LR
10 ἧττον rest. Foss : lacuna VI litt. L : om. R
11 ὅτε om. R.

4.	Mas de onde quer que se parta, não se segue do 35
que ele disse que nada seja. Pois qualquer que seja sua
demonstração, ele dialetiza assim: ou bem o não-ente
é, ou bem ele seria, falando simplesmente, e é também
semelhante, como não-ente. Ora, não há aí nem aparência nem necessidade; mas é como se se tratasse de
dois entes, dos quais um é e o outro parece; o primeiro
é, mas o outro, não é verdadeiro dizer que ele é, ele que é 979b
primeiramente não-ente. Por que, então, ele não é nem
ser nem não ser? Ele que é, por outro lado, os dois não
é nem um nem outro. Pois ele diz que o não ser seria
não menos que o ser, desde que o não ser seja também
de alguma maneira – uma vez que ninguém vai dizer
que o não ser não é absolutamente. Mas, mesmo se o
não-ente é não-ente, o não-ente não seria então nem 5
sequer de maneira semelhante ao não-ente, pois um
é não-ente, enquanto o outro é também, além disso.

5. Εἰ δὲ καὶ ἁπλῶς εἰπεῖν ἀληθές, ὡς δὴ θαυμάσιόν γ' ἂν εἴη τὸ μὴ ὂν ἔστιν, ἀλλ' εἰ δὴ οὕτω, ρότερον μᾶλλον ξυμβαίνει ἅπαντα ἢ εἶναι, μὴ εἶναι; Αὐτὸ γὰρ οὕτω γε τοὐναντίον ἔοικεν γίγνεσθαι. εἰ γὰρ τό τε μὴ ὂν ὄν ἐστι 10 καὶ τὸ ὂν ὄν ἐστιν, ἅπαντα ἔστι· καὶ γὰρ τὰ ὄντα καὶ μὴ ὄντα ἔστιν· οὐκ ἀνάγκη γάρ, εἰ τὸ μὴ ὂν ἔστι, καὶ τὸ ὂν μὴ εἶναι. Εἰ δὴ καὶ οὕτω τις ξυγχωροῖ καὶ τὸ μὲν μὴ ὂν εἴη, τὸ δὲ ὂν μὴ εἴη, ὅμως οὐδὲν ἧττον εἴη ἄν. Τὰ γὰρ μὴ ὄντα εἴη κατὰ τὸν ἐκείνου λόγον.
Εἰ δὲ ταὐτόν ἐστι τὸ εἶναι καὶ τὸ μὴ εἶναι, 15 οὐδ' οὕτως μᾶλλον οὐκ εἴη ἄν τι <ἢ> εἴη. Ὡς γὰρ κἀκεῖνος λέγει ὅτι, εἰ ταὐτὸ τὸ μὴ ὂν καὶ τὸ ὄν, τό τε ὂν οὐκ ἔστι καὶ τὸ μὴ ὄν, ὥστε οὐδὲν ἔστιν, ἀντιστρέψαντι ἔστιν ὁμοίως φάναι ὅτι πάντα ἔστιν· τό τε γὰρ μὴ ὂν ἔστι καὶ τὸ ὄν, ὥστε πάντα ἔστιν.

---

5. Test. emend.:
2 τὸ ante μὴ ὄν add. Diels   4 ἢ εἶναι, μὴ εἶναι :
μὴ εἶναι ἢ εἶναι prop. Apelt   10 τι post ἄν add.
Foss.

2 γ' ἂν L : τ' ἂν R   3 πρότερον L : πότερον R
ἅπαντα L : τὰ πάντα R   4 ἢ εἶναι, μὴ εἶναι :
εἶναι ἢ μὴ εἶναι R   6 ὄν alt. L^sl: om. R   6-7 γὰρ
τὰ ὄντα καὶ μὴ ὄντα scripsi : τὰ γὰρ τὰ ὄντα καὶ
μὴ ὄντα L : γὰρ τὰ ὄντα καὶ τὰ μὴ ὄντα R   9 ξυγχωροῖ L :
ξυγχωρεῖ R   12 καὶ post ἔστι hab. R
13 τι<ἢ> εἴη Felicianus : τι εἴη R : τι lacuna III litt.
L   14 ταῦτο L : ταὐτὸν R   τὸ ante μὴ ὄν et ante
ὄν om. R   18 πάντα R : ἅπαντα sed ut uid. in πάντα
corr. L.

5.   Mas mesmo que seja verdadeiro, falando simplesmente – como seria espantoso que o não-ente seja –, mas se fosse no entanto assim, é em um primeiro tempo que acontece de todas as coisas, em vez de serem, não serem. De fato, ao menos assim, é justo o contrário que parece se produzir: com efeito, se o não-ente é ente e se o ente é ente, todas as coisas são; pois entes e não-entes são; não é necessário, com efeito, que, se o não-ente é, o ente, em função disso, não seja. Mesmo se agora alguém o concedesse, e que, por um lado, o não-ente seja, e, por outro lado, o ente não seja, no entanto, ele não seria menos; com efeito, os não-entes seriam, segundo o seu próprio discurso. Se, por outro lado, o ser e o não ser são a mesma coisa, não é, assim, mais o caso de que algo não seria em vez de ser. Com efeito, da mesma forma que Górgias diz que, se o não-ente e o ente são a mesma coisa, o ente não é, e o não-ente também não, de modo que nada é, por uma inversão pode-se, de maneira semelhante, dizer que tudo é: com efeito, o não-ente é, assim como o ente, de modo que tudo é.

6. Μετὰ δὲ τοῦτον τὸν λόγον, φησίν, εἰ δὲ 20
ἔστιν, ἤτοι ἀγένητον ἢ γενόμενον εἶναι. Καὶ
εἰ μὲν ἀγένητον, ἄπειρον αὐτὸ τοῖς τοῦ Με-
λίσσου ἀξιώμασι λαμβάνει. Τὸ δ' ἄπειρον οὐκ
ἂν εἶναί ποτε· οὔτε γὰρ ἐν αὑτῷ οὔτ' ἂν ἐν ἄλλῳ
εἶναι· δύο γὰρ ἂν οὕτως ἢ πλείω εἶναι, τό τε
ἐν ὂν καὶ τὸ ἐν ᾧ· μηδαμοῦ δὲ ὄν, οὐδὲν εἶναι 25
κατὰ τὸν τοῦ Ζήνωνος λόγον περὶ τῆς χώρας.
Ἀγένητον μὲν οὖν διὰ ταῦτ' οὐκ εἶναι·
οὐ μὴν οὐδὲ γενόμενον. Γενέσθαι γοῦν οὐδὲν
ἂν οὔτ' ἐξ ὄντος οὔτ' ἐκ μὴ ὄντος. Εἰ γὰρ τὸ ὂν
μεταπέσοι, οὐκ ἂν ἔτ' εἶναι τὸ ὄν, ὥσπερ γ' εἰ
καὶ τὸ μὴ ὂν γένοιτο, οὐκ ἂν ἔτι εἴη μὴ ὄν.
Οὐδὲ μὴν οὐδ' ἐξ ὄντος ἂν γενέσθαι, εἰ μὲν 30
γὰρ μὴ ἔστι τὸ μὴ ὄν, δι' ἅπερ οὐδ' ἐκ τοῦ μὴ
ὄντος γενέσθαι. Εἰ οὖν ἀνάγκη μέν, εἴπερ
ἔστι τι, ἢ τὸ ἀγένητον ἢ γενόμενον εἶναι, ταῦτα
δὲ <ἀδύνατα>, ἀδύνατόν τι καὶ εἶναι.

---

6. Test. emend.:
7 ἓν ὄν : ἐνόν uulg. 14 οὐδὲ μὴν οὐδ' ἐξ ὄντος:
οὐ μὴν οὐδ' ἐκ μὴ ὄντος Newiger 17 ἢ τὸ ἀγένητον :
ἤτοι ἀγένητον Bekker.

2 ἢ L : ἢ μὴ R γιγνόμενον (γινόμενον) L :
γενόμενον R 6 τό τε L : τοῦτο R 7 ἓν ὂν R:
ἐνὸν L δὲ ὂν uulg. : δέον R : ὂν L οὐδὲν L:
οὐδὲ R 8 τοῦ om. R 10 γοῦν L : τον R
οὔτ'ἐκ R : οὔτε L 13 ὄν alt. L : οὖν R 14 μὴν L :
μὲν R 15 οὐδὲν ἂν ἐκ μηδενὸς ἂν γενέσθαι· εἰ
δ' ἔστι αὐτὸ μὴ ὄν ante δι' hab. R μὴ Lsl :
ὄντος, διὰ ταῦτ' ἂν οὐδ' ἐκ τοῦ ante μή hab. R
17 ἢ γενόμενον εἶναι L : εἶναι ἢ γενόμενον R
18 <ἀδύνατα> add. Newiger.

6.   Depois desse discurso, ele diz que, se, no entanto, é, é ou bem ingênito ou em devir. E se, por um lado, é ingênito, então, isso ele o sustenta em virtude dos axiomas de Melisso sobre o ilimitado. Ora, o ilimitado não poderia ser jamais; com efeito, ele não poderia ser nem em si mesmo, nem em um outro; pois ele seria assim dois ou mais, o que é um e isso em que ele é; ora, não sendo em parte alguma, ele não seria nada, segundo o discurso de Zenão sobre o espaço. Por essas razões, portanto, por um lado, não é ingênito. Mas também não é engendrado. De fato, nada pode vir nem do que é nem do que não é. Se, com efeito, o ente caísse na mudança, ele não seria mais o ente, exatamente da mesma forma que se o não-ente tivesse proveniência, ele não seria mais não-ente. Além disso, também não pode haver proveniência a partir do que é, se, de fato, o não-ente não é – razão pela qual também não pode haver proveniência a partir do não-ente. Se, portanto, é necessário, se isso é verdadeiramente algo, que seja ou o ingênito ou engendrado, e se isso é, no entanto, impossível, é impossível mesmo que algo seja.

7.   Ἔτι εἴπερ ἔστι, ἓν ᾗ πλείω, φησίν, ἐστίν. 35
Εἰ δὲ μήτε ἓν μήτε πολλά, οὐδὲν ἂν εἴη.
Καὶ ἓν μὲν... καὶ ὅτι ἀσώματον ἂν εἴη τὸ ...
εν κ... ε ἔχον μέν γε... τῷ τοῦ Ζήνωνος λόγῳ.
Ἑνὸς δὲ ὄντος, οὐδ' ἂν... εἶναι οὐδὲ μη...
μήτε πολλά... Εἰ δὲ μήτε... μήτε πολλά 980a
ἐστιν, οὐδὲν ἔστιν.
8.   Οὐδ' ἂν κινηθῆναί φησιν· οὐδένι γὰρ
κινηθείη ἢ οὐκ ἂν ἔτι ἢ ὡσαύτως ἔχον, ἀλλὰ
τὸ μὲν οὐκ ὂν εἴη, τὸ δέ, οὐκ ὄν, γεγονὸς
εἴη. Ἔτι δὲ εἰ κινεῖται καὶ ἓν μετα-
φέρεται, οὐ συνεχὲς ὄν, διῄρηταί τὸ ὄν, οὔτε
τι ταύτῃ· ὥστε πάντῃ κινεῖται, πάντῃ διῄρηται· 5
εἰ δ' οὕτως, πάντῃ οὐκ ἔστιν. Ἐκλιπὲς γὰρ
ταύτῃ, φησίν, ᾗ διῄρηται, τοῦ ὄντος, ἀντὶ τοῦ
κενοῦ τὸ διῃρῆσθαι λέγων, καθάπερ ἐν τοῖς
Λευκίππου καλουμένοις λόγοις γέγραπται.

---

7. Test. emend. :
1 τι, ᾗ post ἔστι add. Foss 3-4 καὶ ἓν μὲν <οὐκ ἂν εἴ>ναι ὅτι ἀσώματον ἂν εἴη τὸ <ἕν, τὸ δ'ἀσώματον οὐδ>ἕν, κ<αὶ ἀσωματον μὲν τὸ> ἓν ὡς οὐκ ἔχον μέρη <λαμβάνει> τῷ τοῦ Ζήνωνος λόγῳ rest. Cook Wilson 5-6 ἑνὸς δὲ <μὴ> ὄντος, οὐδ'ἂν <ὅλως> εἶναι οὐδέν· μὴ <γὰρ ὄντος ἑνὸς>, μηδὲ πολλὰ <εἶναι δεῖν> rest. Apelt.
1 ᾗ L^sl : ᾗ R 2 εἰ δὲ L : εἴτε R 3-6 καὶ ἓν μὲν (lacuna VII litt.) καὶ ὅτι ἀσώματον ἂν εἴη τὸ (IX litt.) εν κ (V litt.) ε ἔχον μέν γε (VI litt.) τῷ τοῦ Ζήνωνος λόγῳ ἑνὸς δὲ ὄντος, οὐδ' ἂν (VI litt.) εἶναι οὐδὲ μη (VIII litt.) μήτε πολλὰ (IV litt.) εἰ δὲ μήτε (VII litt.) μήτε πολλά ἐστιν L : και εν μεν (III litt.) καὶ ὅτι ἀσώματον ἂν εἴη τὸ εν (III litt.) η (IV litt.) ενσχον μεν γε τω τοῦ Ζήνωνος λόγου – πολλά· (V litt.) εἰ γὰρ μήτε ἓν μήτε πολλά· (III litt.) ἔστιν R.

8. Test. emend. :
1 ante οὐδ' ἂν lac. stat. Foss οὐδενὶ : οὐδὲν εἴ Foss 2 ἢ pr. del. Foss ἔτι ἢ : ἔτι εἴη Foss
3 ὄν post μὲν add. Foss 4 εἰ κινεῖται καὶ ἓν : εἰ κίνησιν κινεῖται καθ'ἢν Apelt 5 οὐ : τὸ Newiger auct. Apelt. 5-6 οὔτε τι : οὐκ ἔστι Foss.
3 ὄν pr. L : ἂν R γεγονὸς R : γεγονὼς L 4 εἰ uulg. : ἢ LR κινεῖται L : κινεῖ ἢ κινεῖται R ἓν L : εἰ R 5 s. οὔτε τι scr. : οὔτέτι LR 7 πάντῃ L : πάντα R ἐκλιπὲς R : ἐκλειπὲς L 10 Λευκίππου R : λευκίπου L.

7.   Além disso, se, ainda assim, é, diz ele, é um ou mais. Mas se não é nem um nem muitos, então não seria nada. (Se é um, Melisso afirma que seria incorporal. Mas se isso não tem corpo, não é em parte alguma, e portanto não é nada, segundo o discurso de Zenão. Por outro lado, se o um não é, a pluralidade que é uma soma de unidades também não é.) De modo que se não é nem um nem múltiplo, não é nada.

8.   Também não pode ser movido, diz ele. Com efeito, isso seria movido por nada, já que ou bem não é mais ou então é tal qual é: senão, por um lado, não seria ente, e, por outro, mesmo não sendo, teria no entanto vindo a ser. Mais uma vez, se ele se move e se desloca enquanto um, não sendo contínuo, o ente se divide, e não é algo no ponto de sua divisão; de modo que, por toda parte em movimento, por toda parte dividido; ora, se é assim, por toda parte ele não é. Com efeito, ele diz que isso é privado do ente lá onde isso é dividido, falando do ser dividido no lugar do vazio, como está escrito nos discursos ditos de Leucipo.

9. Εἰ μὲν οὖν οὐδέν, τὰς ἀποδείξεις λέγειν ἅπαντα. Δεῖν γὰρ τὰ φρονούμενα εἶναι, καὶ τὸ μὴ ὄν, εἴπερ μὴ ἔστι, μηδὲ φρονεῖσθαι.

Εἰ δ' οὕτως, οὐδὲν ἂν εἶναι ψεῦδος οὐδείς φησίν, οὐδ' εἰ ἐν τῷ πελάγει φαίη ἁμιλλᾶσθαι ἅρματα· πάντα γὰρ ἂν ταῦτα εἴη. καὶ γὰρ τὰ ὁρώμενα καὶ ἀκουόμενα διὰ τοῦτο ἔστιν, ὅτι φρονεῖται ἕκαστα αὐτῶν. Εἰ δὲ μὴ διὰ τοῦτο, ἀλλ' ὥσπερ οὐδὲν μᾶλλον ἃ ὁρῶμεν ἔστιν, οὕτω μᾶλλον ἃ ὁρῶμεν ἢ διανοούμεθα· καὶ γὰρ ὥσπερ ἐκεῖ πολλοὶ ἂν ταὐτὰ ἴδοιεν, καὶ ἐνταῦθα πολλοὶ ἂν ταὐτὰ διανοηθείημεν· τὸ οὖν μᾶλλον δὴ τοιάδ' ἐστί. Ποῖα δὲ τἀληθῆ, ἄδηλον. Ὥστε εἰ καὶ ἔστιν, ἡμῖν γε ἄγνωστ' ἂν εἶναι τὰ πράγματα.

---

9. Test. emend. :
1-2 εἰ - λέγειν ἅπαντα : εἰ - λέγει εἶναι ἄγνωστα ἅπαντα Foss : εἶναι οὖν οὐδέν, τὰς ἀποδείξεις <λέγει ταύτας· εἰ δ' ἔστιν, ὅτι ἄγνωστόν ἐστι, μετὰ ταῦτα τὰς ἀποδείξεις> λέγει Apelt   4 εἶναι : εἴποι Apelt   4-5 οὐδείς φησιν, οὐδ' εἰ : οὐδ' εἰ, φησίν, [οὐδ' εἰ] Cook Wilson   6 ταῦτα : ταύτῃ Apelt   7 ὁρᾶται καὶ ἀκούεται, καὶ ὁμοίως τὰ φρονούμενα ἔστιν ὅτι post ὅτι add. Diels.   9-10 ἀλλ' - διανοούμεθα : ἀλλ' ὥσπερ οὐδὲν μᾶλλον ἃ ὁρῶμεν <ἢ ὁρῶμεν> ἔστιν, οὕτως <οὐ> μᾶλλον ἃ ὁρῶμεν ἢ διανοούμεθα Apelt : ἀλλ' ὥσπερ οὐδὲν μᾶλλον ἃ ὁρῶμεν ἔστιν, οὕτω <οὐδὲν> μᾶλλον ἃ [ὁρῶμεν ἢ] διανοούμεθα Diels : ἀλλ'<ὅτι πολοὶ τὰ αὐτὰ ὁρῶσι, τὰ ὁρώμενα ἔστιν>, οὕτω <γ'> οὐδὲν μᾶλλον ἃ ὁρῶμεν ἢ <ἃ> διανοούμεθα Newiger   13 τὸ - ἐστί : τί οὖν μᾶλλον δῆλον εἰ τοιάδ' ἐστί Apelt : loc. desp. ed. Diels et Newiger.

2 δεῖν L : δεῖ R   6 ταῦτα R : ταὐτὰ ex ταῦτα L
9 ἃ om. R   13 δὴ τοιάδ' L : δη (lacuna II litt.) α τοιάδ' R   14 εἰ καὶ L : καὶ εἰ R   γε ἄγνωστ'ἂν L : γνωστάν R.

9.   Se, portanto, nada é, as demonstrações dizem tudo sem exceção. Pois é preciso que o representado seja e que o não-ente, ao menos se ele não é, também não seja representado. Mas se é assim, ninguém diz que uma falsidade seria nada, diria mesmo que carros lutam em pleno mar, pois todas essas coisas seriam, já que tanto o que é visto quanto o que é ouvido é somente por esta razão: que isso é a cada vez representado. Mas se não é por essa razão, então, na medida em que isso que nós vemos não é em nada mais, nessa mesma medida isso que nós vemos, ou concebemos, é mais. E com efeito, da mesma forma que aí muitos poderiam ver essas coisas, aqui, nós poderíamos também ser muitos a conceber essas coisas. Assim, o "mais", não são senão tais coisas; mas quais são verdadeiras, isso não se mostra. De modo que, mesmo se elas são, elas seriam incognoscíveis para nós, as coisas efetivas.

10.   Εἰ δὲ καὶ γνωστά, πῶς ἄν τις, φησί, δηλώσειεν ἄλλῳ; ὃ γὰρ εἶδε, πῶς ἄν τις, φησί, 20
τοῦτο εἴποι λόγῳ;   Ἢ πῶς ἂν ἐκεῖνο
δῆλον ἀκούσαντι γίγνοιτο, μὴ ἰδόντι; ὥσπερ   980b
γὰρ οὐδὲ ἡ ὄψις τοὺς φθόγγους γιγνώσκει,
οὕτως οὐδὲ ἡ ἀκοὴ τὰ χρώματα ἀκούει,
ἀλλὰ φθόγγους· καὶ λέγει ὁ λέγων, ἀλλ' οὐ
χρῶμα οὐδὲ πρᾶγμα·   Ὁ οὖν τις μὴ ἐννοεῖ,
πῶς αἰτεῖ παρ' ἄλλου λόγῳ ἢ σημείῳ τινὶ
ἑτέρῳ τοῦ πράγματος ἐννοήσειεν, ἀλλ' ἢ ἐὰν   5
μὲν χρῶμα, ἰδών, ἐὰν δὲ <ψόφος, ἀκο>ύσας;   Ἀρχὴν γὰρ, οὐ λέγει δὲ χρῶμα, ἀλλὰ
λόγον· ὥστ' οὐδὲ διανοεῖσθαι χρῶμα ἔστιν,
οὐδ' ὁρᾶν, οὐδὲ ψόφον, ἀλλ' ἀκούειν.

---

10. Test. emend. :
9 αἰτεῖ : αὐτό Apelt   10 ἑτέρου : ἑτέρῳ Apelt
12 οὐ λέγει δὲ χρῶμα : οὐ <ψόφον> λέγει <ὁ λέ>
γων οὐδὲ χρῶμα Cook Wilson : <οὐ <δὲ> λέγει γ' ὃ
εἶδε χρῶμα Newiger.

1 δὲ (δ ex κ corr. L) καὶ om. R φησί Bekker :
φασί LR   3 εἴποι R : εἴπῃ L   ἐκεῖνο L : ἐκείνῳ R
5 οὐδὲ L : οἶδεν R   ἡ R : κ' L   φθόγγους R :
φόγγους L   6 ἡ Rsl   8 μὴ ἐννοεῖ L : μετενοοεῖ R
10 τοῦ om. R   11 <ψοφός, ἀκο> ύσας Cook Wilson :
lacuna V litt. υμος L : υμος R   12   οὐ λέγει δὲ
χρῶμα L : οὐ (lacuna III litt.) λεγε (IV litt.)
γοιεδε χρῶμα R   14 οὐδ'ὁρᾶν L : ἀλλ'ὁρᾶν R.

10.   Mesmo se elas fossem cognoscíveis, como alguém, diz ele, poderia torná-las manifestas a um outro? 20
Com efeito, o que alguém viu, diz ele, como o enunciaria em um dizer? Ou ainda, como justamente isso se tornaria manifesto a quem ouve sem ver? Da mesma 980b
forma, com efeito, que a visão não chega a conhecer os sons da voz, da mesma forma o ouvido também não ouve as cores, mas sons; e aquele que diz diz, mas não uma cor, nem uma coisa. Assim, portanto, isso de que alguém não tem ideia, como ele o pergunta a um outro por meio de um dizer, ou ainda, como ele poderia ter ideia por meio de um signo qualquer da coisa que é outra – senão, se é uma cor, vendo-a, e se 5
é um ruído, ouvindo-o? Pois, para começar, ele não diz uma cor, mas um dizer. De modo que não há nem o conceber nem o ver da cor, não mais que do ruído, há apenas o ouvir.

11.   Εἰ δὲ καὶ ἐνδέχεται, γιγνώσκει τε καὶ
ἀναγιγνώσκει λέγων, ἀλλὰ πῶς ὁ ἀκούων
τὸ αὐτὸ ἐννοήσει; Οὐ γὰρ οἷόν τε ταὐτὸ ἅμα   10
ἐν πλείοσι καὶ χωρὶς οὖσιν εἶναι· δύο γὰρ ἂν
εἴη τὸ ἕν. Εἰ δὲ καὶ εἴη, φησίν, ἐν πλείοσι
καὶ ταὐτόν, οὐδὲν κωλύει μὴ ὅμοιον φαίνεσθαι
αὐτοῖς, μὴ πάντῃ ὁμοίοις ἐκείνοις οὖσι· καὶ
ἐν τῷ αὐτῷ, εἴ τι ἓν τοιούτου, εἷς ἂν ἀλλ'
οὐ δύο εἶεν. Φαίνεται δὲ οὐδ' αὐτὸς αὑτῷ
ὅμοια αἰσθανόμενος ἐν τῷ αὐτῷ χρόνῳ, ἀλλ'   15
ἕτερα τῇ ἀκοῇ καὶ τῇ ὄψει, καὶ νῦν τε καὶ
πάλαι διαφόρως. Ὥστε σχολῇ ἄλλῳ πᾶν
ταὐτὸ αἴσθοιτό τις. Οὕτως – οὐκ ἔστιν
ἕν· ἐστι γνωστόν· – οὐδεὶς ἂν αὐτὸ ἑτέρῳ
δηλώσειεν, διά τε τὸ μὴ εἶναι τὰ πράγματα-
λόγους, καὶ ὅτι οὐδεὶς ἑτέρῳ ταὐτὸν
ἐννοεῖ.

12.   Ἅπαντες δὲ καὶ οὗτος ἑτέρων ἀρχαιο-   20
τέρων εἰσὶν ἀπορίαι, ὥστε ἐν τῇ περὶ
ἐκείνων σκέψει καὶ ταῦτα ἐξεταστέον.

---

11. Test. emend. :
1-2 γιγνώσκει τε καὶ ἀναγιγνώσκει λέγων : γιγνώσκειν
τε καὶ ἃ ἂν γιγνώσκῃ λέγειν Diels   8 εἴ τι ἓν
τοιούτου : εἰ γὰρ ἐν τῷ αὐτῷ Cook Wilson   13-14
οὐκ ἔστιν ἕν· ἐστι γνωστόν : οὖν εἰ ἐστί τι γνωστόν
Cook Wilson   16 ἕτερον del. Foss.
3 ταὐτὸ L : τὸ αὐτὸ R   4 ἂν om. L   8 εἷς ἂν Apelt:
εἴησαν LR   12 σχολῇ Sylburg : σχολὴ L : σκολὴν R
14 ἕν · ἐστι L : ἔνεστι R   15 δηλώσειεν R : δῆ
λόσειεν L   16 λόγους L : λεκτά R.

12. Test. emend. :
1 ἅπαντες δὲ : ἅπασαι δὲ αὗται Mullach   καὶ οἱ
ἄλλοι λόγοι αὐτοῦ γίγνονται περὶ ἃ καὶ ante ἑτέρων
add. Diels.

11.   Aliás, mesmo se for possível, ele conhece e reconhece ao falar, mas como ele, que ouve, teria a mesma coisa na ideia? Pois a mesma coisa não tem o poder de estar ao mesmo tempo em muitos, os quais são separados: dois, então, seria um. Aliás, diz ele, mesmo se exatamente a mesma coisa estivesse em muitos, nada impede que ela não lhes pareça semelhante: mesmo em uma situação de identidade, na medida em que exista alguma unidade desse gênero, eles seriam um mas não dois. Aliás, não parecemos nós mesmos ter percepções semelhantes àquela que temos em um mesmo tempo, mas diferentes para o ouvido e para a vista, e diferentemente no instante presente e no instante passado. De modo que ainda menos perceberíamos absolutamente a mesma coisa que uma outra pessoa. Assim – não é um, é cognoscível – ninguém poderia mostrá-lo a outra pessoa, porque as coisas não são dizeres, e ninguém apreende uma coisa diferente para uma outra pessoa como sendo a mesma.

12.   Todos, e ele, são aporias de autores mais antigos, de tal modo que na investigação que trata deles, é isso também que se deve examinar.

Este livro foi composto com tipografia Minion Pro e impresso
em papel Off-White 70 g/m² na Formato Artes Gráficas.